LE

# CHATEAU DE GAVAUDUN

## EN AGENAIS

## Description et Histoire

PAR

PHILIPPE LAUZUN

Membre de la Société des Sciences, Lettres et Arts d'Agen,
de la Société Française d'Archéologie, de la Société Historique de Gascogne, etc.

AGEN

IMPRIMERIE ET LITHOGRAPHIE AGENAISES

1899

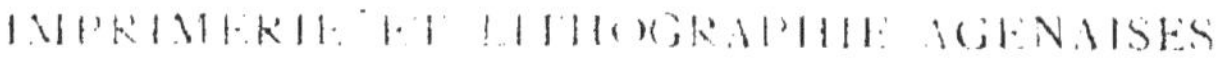

à Monsieur Eug. Lefèvre-Pontalis

Hommage de l'auteur

Ph. Lauzun

# LE
# CHATEAU DE GAVAUDUN

*Cliché Ph. Lauzun.* *Phototypie Bellotti.*

CHATEAU DE GAVAUDUN

(LOT-ET-GARONNE)

# LE CHATEAU DE GAVAUDUN EN AGENAIS

## Description et Histoire

PAR

PHILIPPE LAUZUN

Membre de la Société des Sciences, Lettres et Arts d'Agen,
de la Société Française d'Archéologie, de la Société Historique de Gascogne, etc.

AGEN
IMPRIMERIE ET LITHOGRAPHIE AGENAISES

1899

# LE
# CHATEAU DE GAVAUDUN

Le site de Gavaudun est un des plus pittoresques du département de Lot-et-Garonne.

Un peu après le hameau de Salles, à la jonction des deux routes de Monflanquin et de Libos, la vallée de la Lède se retrécit tout d'un coup et présente, en remontant son cours, une physionomie étrange. Dans la brèche ouverte pour laisser passer la route, la terre prend une couleur rouge sang. De grands blocs de rochers, aux formes fantastiques, surgissent des deux côtés de la rivière, profondément encaissée entre leurs parois à pic tapissées d'un sombre revêtement de verdure. Leurs assises gigantesques s'entrouvrent çà et là pour laisser apercevoir des cavités mystérieuses, des grottes préhistoriques, tandis que leurs couronnements se détachent comme d'immenses chapiteaux, qu'arrondirent autrefois les eaux torrentueuses, mais que l'on dirait taillés par des mains surhumaines [1]. Les sinuosités de la val-

(1) Dans ses remarquables études sur la *Géologie et la Paléontologie du département de Lot-et-Garonne* (Agen-1888), M. Ludomir Combes donne d'intéressants détails sur la vallée de la Lède, (pages 102-110) « dont les coteaux, dit-il, depuis son berceau jusqu'aux environs de Salles (c. a. d. autour de Gavaudun), appartiennent à la « grande époque secondaire » et qui, postérieurement, « offre aux environs de Gavaudun, « d'irrécusables témoignages de l'antique existence de l'homme sur ses bords. » C'est ainsi qu'au cours de ses laborieuses recherches, il aurait trouvé dans une première

lée s'accentuent ; le chemin se rapproche de la rivière ; une grande muraille grise paraît un moment barrer le passage ; puis, subitement, à un dernier tournant, se dressent au milieu d'un cirque sauvage et au-dessus de quelques maisons couchées à leurs pieds, le roc et le donjon de Gavaudun.

Repaire féodal, telle est la première idée qui vient à l'esprit à la vue de cette sombre construction. Nid de vautours, demeure redoutable, véritablement imprenable à l'époque où elle fut édifiée, et qui a dû voir se dérouler sous ses voûtes plus d'un drame sanglant aux émouvantes péripéties! Et, il faut bien le dire, l'histoire, cette fois, vient confirmer ces impressions premières et donner corps à ces images, évoquées tout d'abord par l'imagination.

Mais avant de rappeler les sièges mémorables que soutinrent ces antiques murailles et de faire connaître la série presque ininterrompue de ses puissants seigneurs, recherchons d'abord, par le peu qu'il en reste, ce que devait être au point de vue archéologique l'ancien château ; puis, étudions en détail son donjon, encore intact, qui présente de si curieuses dispositions.

---

grotte, creusée dans le calcaire crétacé au-dessus des forges de *Rutis* et de *Magnel*, « un beau Métacarpien de Renne », de nombreux ossements d'animaux herbivores et une importante collection de silex. Mais c'est surtout la grotte funéraire, toujours creusée dans le calcaire crétacé au dessus du *Moulin du Milieu*, presque en face du château de Gavaudun, qui lui permet de constater, par la découverte de nombreux silex taillés, d'ossements « ayant appartenu la plupart à de grands mammifères », et surtout de deux squelettes humains, d'origine très ancienne, placés l'un au-dessus de l'autre et que notre savant compatriote ne craint pas de faire remonter aux plus lointaines époques de l'âge de pierre, qu'à ce moment l'homme est apparu et a vécu dans ces régions si curieusement tourmentées.

# I

« Près de Sarlat, tout contre l'esglise de Caudon, sur le « fleuve de Dordogne, écrivait déjà au commencement du « XVIIe siècle le chanoine Jean Tarde, est un grand rocher, « coupé à plomb tout à l'entour, sauf du costé qu'il se tient « à la montaigne, sur lequel est une plaine, à l'entrée de « laquelle on voit les ruines d'une muraille qui le fermait. « Turnac, qui est proche de là, a esté fermé tout de mesme. « *Le fort de Gavaudun en Agenois a esté pris en ceste* « *sorte* ; et je présupose que sur ceste raison furent origi- « nairement pris le commencement de Caors, Cadenac, « Lusetz et autres places environées de rivières en forme « de presqu'île [1]. »

En ce qui touche la description du rocher de Gavaudun, le bon chanoine ne pouvait mieux dire.

Ce bloc énorme, de 300 mètres environ de longueur, s'avance en effet, en forme de promontoire, au milieu de la vallée, qu'il coupe en deux fractions presque égales. Sa plus grande largeur ne dépassse pas 20 mètres. Sa hauteur, à sa pointe occidentale, là où des eaux diluviennes sont venues battre ses flancs et lui donner cette forme étroite et allongée que nous lui voyons aujourd'hui, atteint jusqu'à 40 mètres

---

(1) *Les Chroniques de Jean Tarde* (1561-1636) in-4° p. 21. (Paris, Picard, 1887.)

au-dessus du niveau de la vallée. Son orientation est celle du nord-est, sud-ouest.

Inaccessible de toutes parts, sauf du seul côté nord-est, qui est le point faible et par suite le seul attaquable, deux tranchées ont été creusées en cet endroit dans le roc vif. L'une, au pied même du coteau de Laurenque, offre une largeur de 20 mètres à peine et sert de col entre les deux vallées. La seconde, plus profonde, plus étroite, constitue un véritable *vallum* au pied même du donjon, et isole le château d'une façon absolue.

On comprend quelle importance stratégique pouvait offrir dans le haut moyen-âge, avant l'invention des armes à feu, cette position rendue ainsi inexpugnable, et avec quel empressement elle dût être choisie par ses premiers possesseurs, jaloux de s'y fortifier et de s'y mettre à l'abri de l'ennemi. Car, la vallée de la Lède fut toujours un chemin très fréquenté, ouvert aussi bien aux marchands qui se rendaient du Périgord dans l'Agenais qu'aux bandes armées qui s'échelonnaient de Biron à Monflanquin, soit au temps des guerres anglaises, soit, plus tard, au moment des troubles religieux.

Entrée du chateau. — Si escarpé que fut le château de Gavaudun, il fallait bien cependant pouvoir accéder à son sommet. Quelle était donc son entrée, et comment ses premiers constructeurs surent-ils tirer parti des défenses naturelles qui leur étaient offertes ? Ici nous nous trouvons en présence, sinon d'un problème encore imparfaitement résolu, du moins d'une disposition des plus originales, fort rare, pour ne pas dire unique, en fait de construction militaire.

Passons sous une première porte en ogive, qui semble bien contemporaine du château et au-dessus de laquelle ont été ouvertes au xv<sup>e</sup> siècle deux fenêtres à meneau horizontal et à moulures prismatiques ; contournons la pointe occidentale du rocher, et arrivons devant la mairie actuelle Y, presque adossée à sa face méridionale. Cette construction, déjà ancienne, mais qui ne remonte pas au-delà du XV$^e$ siècle, ainsi que le prouve l'élégante fenêtre, aujourd'hui murée, ouverte autrefois sur la façade orientale, était une dépendance du château. Elle se prolonge par un mur, figuré en pointillé sur notre plan, dans lequel on a ménagé une première porte V, sous laquelle nous passerons. A six mètres, en V', à gauche, s'ouvre une seconde porte, en tiers-point comme la précédente, au-dessus de laquelle on peut lire, quoique le 3 soit bien effacé et puisse donner lieu à controverse, la date de 1314, en chiffres arabes, ce qui à cette époque constitue une rareté. Franchissons-la, passons derrière la mairie, montons les marches d'un petit escalier, et, après deux contours à angle droit, arrivons contre la paroi même du rocher, au point K, où s'ouvre devant nous un trou béant, en forme de grotte. Là se trouve, et a toujours été, l'unique entrée du château de Gavaudun.

En K, en effet, est une grotte naturelle, à peu près circulaire, dont l'extrémité supérieure arrondie comme un puits a été vraisemblablement creusée de main d'homme. Contre ses parois ont été appliquées des marches de pierre, fort grossières, en forme de colimaçon. Elles aboutissaient autrefois à une échelle mobile, qu'on a remplacée de nos jours par une vingtaine de degrés encastrés dans le roc, mais beaucoup trop étroits et très dangereux. Cette échelle débouchait à l'extérieur, à peu près à mi-coteau. Là, un étroit sentier à ciel ouvert, entrecoupé de marches, serpente le long du rocher et conduit, par une brèche ouverte dans la courtine, au sommet, c'est-à-dire dans l'intérieur du château proprement dit.

On a cherché à contester l'ancienneté de cette entrée bizarre du château de Gavaudun. On est allé jusqu'à dire « que les communications avec l'extérieur ne pouvaient

« avoir lieu qu'au moyen d'un appareil semblable à ceux « encore en usage pour les Couvents des *Météores*, dans « la Turquie d'Europe, si bien décrits par Didron dans ses « *Annales archéologiques* et consistant en une corde pas- « sant sur une poulie et soutenant une cage en bois enve- « loppée d'un large filet, le tout mis en mouvement par un « treuil, qui hissait les visiteurs du bas de la plaine au som- « met de la plateforme [1]. »

Nous ne saurions partager cette manière de voir. Nous ne nous représentons pas bien, en effet, les grandes dames du XVIe siècle qui habitèrent Gavaudun, la maréchale de Saint-André entr'autres, à la veille de ses couches faites à ce château, où elle donna naissance à la célèbre Anne de Caumont, hissées au moyen d'un treuil, dans une cage de bois, à plus de 40 mètres de hauteur. Nous préférons les voir gravir, bien que l'ascension ne fut pas sans fatigue, les marches en spirale de la grotte circulaire, les degrés de l'échelle mobile, et finalement l'escalier creusé dans le roc, aboutissant au sommet du coteau. Si le système d'une poulie fut appliqué ce ne dut être que pour puiser de l'eau dans le puits voisin Q, ou aussi pour monter des vivres, des armes et des munitions.

Corps de logis principal. — Du château proprement dit, il ne reste que très peu de traces. Tout ou presque tout a été détruit au niveau du sol. Aussi est-il fort difficile de préciser la destination des différentes pièces.

Le château de Gavaudun occupait toute la superficie du plateau, depuis le donjon au nord-est jusqu'à la plateforme qui le terminait à la pointe sud-ouest. Son plan était imposé

(1) Rapport manuscrit de M. Bourrière, architecte, sur les réparations à effectuer au château de Gavaudun, du 22 juin 1865, en la possession de M. L. Payen, architecte du département, qui a bien voulu nous en donner communication.

par la configuration du rocher, dont ses murs suivaient les capricieux contours. Relevé pour la première fois par nous, nous en donnons ci-après la reproduction [1].

En H se trouvait le principal corps de logis. Il occupait une superficie de 30 mètres de long sur 10 de large, y compris les deux murs extérieurs. Sa hauteur, encore bien visible par la trace des combles qui venaient buter contre la face ouest du donjon, atteignait 9 mètres. Sur le dessin que l'abbé Barrère consacre au donjon de Gavaudun et qui a dû être fait vers le milieu de ce siècle, alors que cet écrivain amassait les matériaux de son *Histoire monumentale du diocèse d'Agen*, on voit encore le mur méridional de cette salle H atteindre la hauteur du premier étage du donjon, c'est-à-dire la ligne des meurtrières à double croisillon. Deux larges fenêtres y sont ouvertes en brèche [2].

Ce corps de logis ne renfermait du reste qu'un rez-de-chaussée et un premier étage. Il était divisé, croyons-nous, en trois pièces à peu près égales, du moins si l'on en juge par les deux murs de refend *f* et *f'*, dont les bases à peine visibles sont cachées par les ronces et les herbes qui poussent hautes et drues en cet endroit. Là se trouvaient la grande salle, la salle à manger, les chambres principales.

Le mur extérieur ne semble pas, de chaque côté, avoir dépassé une épaisseur de $0^m$ 75 centimètres. Le passage *p*, qui mène au donjon, d'une largeur actuelle de 2 mètres, est, croyons-nous moderne et formé par les matériaux provenant de la démolition du château, que l'on a amassés et

(1) M. Etcheverry, instituteur public à Montagnac-sur-Lède, a bien voulu, de son côté, relever également pour nous le plan du château de Gavaudun. C'est l'ensemble de son travail et du nôtre qui nous a permis de le donner ici aussi exactement que possible. Qu'il veuille bien, pour sa collaboration à cette étude, agréer nos plus sincères remerciements.

(2) *Histoire monumentale et religieuse du diocèse d'Agen*, par l'abbé Barrère, T. I, p. 331.

alignés ainsi en cet endroit. Partout ailleurs, du reste, on ne constate au mur de la courtine qu'une largeur de 0m50 à 0m75 centimètres au plus. Ce peu d'épaisseur surprend tout d'abord. Il s'explique néanmoins si l'on se rend compte que, de tous côtés, sauf du côté nord-est où se dresse le donjon, le château était inexpugnable, et n'avait nul besoin par suite, pour sa défense contre une escalade impossible ou les traits bien amortis des assaillants, d'être protégé plus efficacement.

Un mur *d*, *e*, crépi encore du côté est, nu à l'ouest, séparait le corps de logis principal, H, du compartiment G, dont la destination est plus problématique. Le mur *m'*, qui le clôture à l'ouest, est, en effet, comme le mur *m* crépi du côté du donjon et nu à l'ouest. Il existait donc en G plusieurs pièces différentes, aujourd'hui totalement démolies ; d'abord, une cour à ciel ouvert contre le mur *m*, où aboutissait l'escalier extérieur *s*, puis quelque pièce couverte en *m'*, la cuisine peut-être, non loin de la poulie qui permettait de puiser de l'eau dans le puits Q, au niveau de la vallée.

Dans ce compartiment G, d'une longueur de 19 mètres, il est bon de signaler sur la courtine nord, d'abord l'éperon triangulaire *g*, puis la base d'une petite tour ronde *h*, à l'angle du mur *m'*, aujourd'hui entièrement détruite.

Qu'était également le compartiment suivant, compris entre ce mur *m'* et le mur *n*? Du côté nord, on remarque un avancement *r*, sorte de bastion à pic sur la vallée, au-dessus d'une grotte naturelle dont l'ouverture se voit de loin et qui très certainement a dû être utilisée autrefois comme cave ou comme magasin. Il serait curieux de chercher si cette grotte, malheureusement peu accessible, ne correspond pas par quelque orifice aujourd'hui bouché à cette espèce de piscine polygonale *o*, pointillée sur notre plan, que l'on pourrait prendre d'autant plus facilement pour une citerne à ciel ouvert, que tout à côté, en *x*, existe encore une petite salle voûtée en berceau, avec son sol dallé et une gargouille à gauche destinée à rejeter le trop plein de l'eau. Ce qui semble indiquer un autre réservoir, cette fois fermé; les deux d'ailleurs indispensables en cas de siège et d'interruption de communication avec le puits extérieur. Tout ce compartiment, de *m'* à *n*, mesure 13 mètres de longueur.

Le château se terminait par une plateforme T, de 22 mètres de long, qui n'a jamais été couverte et d'où la vue s'étend au loin sur l'entrée de la vallée et les pentes des côteaux environnants. En cet endroit, le mur extérieur ne dépasse pas $0^{m}50$ centimètres d'épaisseur.

La longueur totale du château, depuis la pointe de cette plateforme jusqu'à l'extrémité nord-est du donjon, en y comprenant l'épaisseur de tous les murs, atteint à peu près 100 mètres.

LE DONJON. — Le donjon, encore intact comme au commencement du XIV^e^ siècle, est sans contredit la partie la plus intéressante du château de Gavaudun. Chacun de ses six étages présente, ainsi qu'on peut le voir sur les quatre plans que nous en donnons, une disposition différente. Etudions-le d'abord à l'intérieur, puis à l'extérieur.

*Rez-de-chaussée.* — Une seule porte C, de $1^{m}$ 20 de large et de $2^{m}50$ de hauteur, en cintre surbaissé, donne accès au rez-de-chaussée du donjon (1). Elle est de niveau avec le rez-de-chaussée de l'ancien corps de logis et servait de communication entre eux. Cette porte vient d'être refaite. Mais elle existait primitivement, puisqu'elle s'ouvre sur l'étroit couloir C', de $1^{m}$ 70 de large et de $5^{m}$ de

(1) Voir le plan du rez-de-chaussée du donjon, attenant au plan de l'ancien corps de logis (N. 1.)

long, sur l'ancienneté duquel on ne saurait se méprendre.

Ce couloir oblique conduit à une première salle M, voûtée en berceau, de 2$^{m}$ 40 de largeur, parallèle à une seconde salle N, également voûtée en berceau, mais de 1$^{m}$ 80 seulement de large, dans laquelle on pénètre par une porte P, ouverte dans un mur de refend, qui partage en deux parties presque égales tout le rez-de-chaussée du donjon.

Cette disposition ou plutôt cette précaution s'imposait. Lorsque, en effet, le château fut reconstruit au commencement du XIV$^{e}$ siècle, ainsi que nous le prouverons plus loin, et qu'on résolut d'utiliser ce qui restait du donjon primitif, c'est-à-dire les murs du rez-de-chaussée, l'architecte, craignant à juste titre que ces murs ne pussent supporter le poids énorme des étages supérieurs, dont quelques-uns, comme le premier, sont presque entièrement en maçonnerie pleine, jugea prudent de les étayer par un mur central, contre lequel viendraient buter deux étroites mais épaisses voûtes en berceau. S'il nuisait peut-être un peu aux moyens de la défense et surtout au coup d'œil d'ensemble, ce mur assurait du moins la solidité de l'édifice. Ainsi nous expliquons-nous pourquoi, construit après coup, il vient aveugler à moitié la meurtrière 2.

Ces voûtes ne contiennent aucune trace de trappes. Contrairement aux usages adoptés, ce rez-de-chaussée n'était donc pas hermétiquement muré ; et c'est bien par la porte C et le couloir C', et non par des échelles mobiles qu'on y pénétrait.

En cette première salle M, trois baies donnent sur l'extérieur. Premièrement, une grande fenêtre D, aujourd'hui entièrement refaite en arc brisé, mais qui devait être primitivement cintrée et surtout beaucoup moins large. En second lieu, deux meurtrières 1 et 2, chacune dans un pan différent, composées à l'intérieur d'abord d'une niche cintrée de 0$^{m}$ 70 cent. de large sur 0$^{m}$ 50 de profondeur, pouvant abriter un défenseur, puis de la meurtrière proprement dite, ouverte en ébrasement dans l'épaisseur du mur réduite à 1$^{m}$, et terminée par une rainure verticale simple, fort étroite, de 1$^{m}$ également de hauteur. Ces meurtrières, bien caractéristiques, datent du XII$^{e}$ siècle [1]. Elles faisaient donc partie du chateau primitif.

Mêmes dispositions ou à peu près, dans la salle voisine N, ajourée, d'abord par deux meurtrières 3 et 4, de dimensions inégales, (la meurtrière 4 mesurant dans sa niche 1$^{m}$ 80 de large sur 1$^{m}$ 50 de profondeur), puis, par la porte-fenêtre E, cintrée, de 1$^{m}$ 60 de haut sur 0$^{m}$ 65 de large, se reliant par un étroit couloir, également cintré, à une ouverture extérieure de 0$^{m}$ 80 de large. Tout ce côté constitue très certainement la partie la plus ancienne du donjon, et peut remonter au delà même du XII$^{e}$ siècle.

Une ceinture de hourds s'appliquait en cas de siège autour de ce rez-de-chaussée du donjon, déjà très élevé au-dessus du *vallum* précité. Les deux portes D et E y donnaient accès. Une série de trous de boulin, au nombre de 10, ménagés dans l'épaisseur du mur à distances égales pour le passage des poutrelles, communiquent encore en partie avec le sol de ce rez-de-chaussée. Ils existaient sûrement dès la première construction.

*1$^{er}$ étage.* — Le premier étage offre un intérêt tout particulier.

Pour y accéder, il faut sortir du rez-de-chaussée par la porte C, remonter sur le mur de courtine, longer l'étroit et dangereux entablement tout moderne, sans rampe aucune ni support sérieux, qu'on n'a pas craint d'accoler au mur extérieur, et arriver à la petite porte cintrée C, très ancienne,

---

(1) Voir dans Viollet-le-Duc, *Dict. d'architecture*, T. VI, l'article *Meurtrière*.

de 0m65 centimètres seulement de largeur. (Voir notre plan du 1er étage, N° 2).

Cette porte, à 3 mètres seulement au-dessus du sol du rez-de-chaussée, correspondait autrefois avec le premier étage du corps de logis principal et se trouvait être la seule entrée des étages supérieurs du donjon. Elle était à couvert, protégée par la chapente qui venait s'adosser au-dessus d'elle contre la paroi du donjon.

La porte C donne immédiatement sur un escalier droit, en pierres, D, de 0m65 centimètres seulement de largeur comme elle, qui, perçant une épaisseur de maçonnerie de 9 mètres et de 5m80 de hauteur, aboutit, par 21 marches, à la grande salle du 2e étage.

Mais, à la hauteur de la 12e marche, cet escalier se bifurque à gauche et conduit par une rampe de 7 marches, EF, à une galerie demi-circulaire M, qui représente à elle seule le 1er étage du donjon.

Cette galerie, de 14 mètres de circonférence et de forme très irrégulière, ainsi qu'on peut le voir sur le plan N° 2, demi-circulaire contre le mur extérieur, polygonale au contraire sur les parois du mur intérieur, est voûtée, comme le rez-de-chaussée, en berceau et constitue une défense des plus sérieuses. Elle est percée de cinq meurtrières à distances inégales, munies, non plus d'une niche, comme celles d'au-dessous, avec lesquelles elles correspondent du reste exactement, mais d'un simple ébrasement de 1 mètre de large sur 0m75 de côté, terminées par une rainure à double croisillon, de 0m80 de hauteur, et entaillée à ses deux extrémités, afin que l'archer ou l'arbalétrier put étendre davantage le champ de son tir.

A cet étage on voit onze trous de boulin, destinés également au passage des poutrelles chargées de supporter des hourds. Mais une fois dressés, ces hourds obstruaient entièrement les cinq meurtrières. Pour expliquer cette anomalie, faut-il croire qu'il se trouvait dans les hourds des ouvertures correspondantes ? Ou plutôt, ne doit-on pas admettre que, cette ceinture de hourds existant déjà dans le premier château, l'architecte du XIVe siècle ait tenu à la conserver, tout en adoptant au-dessus ce système nouveau d'archères doubles, beaucoup plus utiles que les hourds, et permettant aussi bien de lancer des traits que de surveiller les mouvements de l'ennemi ? Aucune ouverture ne se voyant de plain pied, comment du reste aurait-on pu accéder à cette ceinture de hourds ?

Quoiqu'il en soit, cette galerie du 1er étage constitue une des singularités du donjon de Gavaudun ; refuge presque imprenable, en cas d'assaut ; cachette mystérieuse, d'où il était impossible de déloger les assiégés.

*2e étage.* — Une grande salle occupe à elle seule tout le second étage du donjon. On y arrive par les 21 marches de l'escalier CDE, creusé, à partir du 1er étage, dans l'épaisseur de la maçonnerie de 5m80 de hauteur, et qui débouche, au point K, par un trou en forme de trappe. (Voir le plan du 2e étage, N° 3.)

Située à 8m80 au-dessus du sol du rez-de-chaussée, la grande salle du donjon de Gavaudun affecte la forme d'un trapèze de 6m20 de long sur 6m50 en moyenne de large, non comprise l'épaisseur des murs très variable. Sa hauteur est de 7 mètres. Elle est voûtée en arc de cloître ; mais les arêtes de sa voûte, qui est en bel appareil du XIVe siècle, sont interrompues et viennent s'amortir sur un compartiment central rectangulaire.

Trois fenêtres l'éclairent. Celle du nord, D, partagée par un meneau vertical, a été tout nouvellement restaurée. Etait-elle primitivement aussi large et affectait-elle la forme actuelle ? Nous ne le croyons pas ; et bien que rien plus ne nous indique comment, de ce côté, cette salle était ajourée, nous préférons nous la représenter, ogivale, géminée, avec deux arcatures trilobées, soutenues par une élégante colonnette, semblable à toutes celles que nous voyons dans nos châteaux gascons de la fin du XIIIe siècle (1).

La fenêtre E, au midi, rectangulaire, semble bien avoir été restaurée dans le style primitif. Les encadrements ont été conservés. La voûte seule en berceau a été refaite.

Une troisième ouverture, C, éclairant encore la grande salle sur la façade ouest, n'était autre que la porte primitive extérieure du donjon. On y accédait par le chemin de ronde, qui devait aboutir à sa hauteur, ou peut-être plus anciennement au moyen d'une échelle mobile. De $0^{m}70$ centimètres de large seulement sur $1^{m}80$ de haut, elle se termine en tiers-point, conformément au modèle généralement adopté dans tous les châteaux de cette époque.

Les deux fenêtres D et E donnaient sur la vallée. A l'abri de l'escalade, elles pouvaient, sans danger, offrir une certaine largeur. Il n'en était pas de même de celles qui regardaient le coteau rapproché de Laurenque. Aussi, de ce côté, la grande salle ne présentait-elle que deux ouvertures, M, N, larges meurtrières précédées de niches rectangulaires, sur les bancs desquelles pouvaient s'asseoir les archers.

La meurtrière M, encore à peu près intacte, se termine après ébrasement oblique par une rainure verticale, sans ailerons.

La meurtrière N, aujourd'hui transformée en couloir et en porte, ouverte de plain pied sur le vide, existait-elle ainsi primitivement ? Nous ne le pensons pas. Sur le dessin de l'abbé Barrère, cette baie se voit beaucoup plus étroite et présente plutôt l'aspect d'une meurtrière que d'une porte.

---

(1) Voir notre étude : *Châteaux Gascons de la fin du XIIIe siècle*, in-8° de 431 pages, avec planches et plans. Auch, 1897.

Outre qu'une ouverture d'une dimension aussi considérable pouvait offrir en cet endroit un très grave danger et passer pour une témérité, nous n'en voyons nullement la nécessité. On remarque, il est vrai, à l'extérieur deux trous de boulin, ouverts de chaque côté, qui donnent lieu de supposer qu'il existait en cet endroit soit une console, soit un entablement pouvant supporter, par exemple, des lieux d'aisances. Jusqu'à preuve du contraire, nous croyons que primitivement la meurtrière N devait être semblable à la meurtrière M, sa voisine, et nous estimons que de cette façon seulement aurait dû être compris cet essai de restauration.

Tout à côté en *o*, dans l'épaisseur du pan de mur méridional, est creusée la cage d'un petit escalier à vis permettant de monter aux étages supérieurs.

Enfin, dans le coin opposé, F, une large cheminée avait été aménagée, à l'endroit où depuis un coup de foudre avait déterminé une lézarde partant d'un bout à l'autre du donjon, qui était devenue des plus dangereuses, et qu'en 1876 on a cru devoir fermer.

*3e étage.* — Quatorze petites marches, fort usées, conduisent au 3e étage. Il ne consiste, comme le 1er, qu'en une galerie défensive, demi-circulaire, mais plus restreinte. Cette galerie ne mesure en effet sur sa paroi intérieure que 4m 60 de longueur. Sur la face nord-est, deux meurtrières seulement, en croix pattée, de 0m 70 d'ébrasement, entaillées également à leurs deux extrémités et accusant bien le caractère des premières années du XIVe siècle. Pas de trous de boulin à cet étage. En revanche, à l'extrémité septentrionale et contre la grande arête du donjon, une porte rectangulaire de 0m 55 de large, aboutissant à un étroit balcon, aujourd'hui démoli, mais dont on voit les deux supports. Ces consoles, en encorbellement, nous paraissent cette fois avoir été destinées à soutenir soit un hourd mobile, soit un moucharabi, soit plutôt des lieux d'aisance, plus probables en cet endroit que partout ailleurs.

*4e étage.* — Remontant l'escalier à vis, O, nous arrivons après une ascension de 16 nouvelles marches au 4e étage, aujourd'hui à ciel ouvert et pour cela fraîchement cimenté. Il était jadis recouvert par le plancher du cinquième et dernier étage, soutenu par les corbeaux dont on distingue encore la trace. (Voir notre plan du 4e étage, N° 4).

Quatre meurtrières, sans niches extérieures, consistant en un simple ébrasement dans le mur, et terminées, les deux premières, 1 et 2, sur la face nord par une rainure en croix pattée, les deux autres, 3 et 4, par une rainure verticale, défendaient cet étage, qui était ajouré en outre, au midi, par une jolie fenêtre C, à arcature trilobée, de 1m40 de haut sur 0m 60 de large, munie à sa base de deux meurtrières carrées et bien dans le style du temps.

A l'ouest, aucune ouverture. On constate seulement, dans l'angle F, la trace du conduit supérieur de la cheminée de la grande salle.

*5e étage.* — Un cinquième et dernier étage couronnait, avec sa ceinture de créneaux, le donjon de Gavaudun. Cette plateforme n'était pas à ciel ouvert, aucune trace n'existant pour l'écoulement des eaux. Elle était protégée par une charpente polygonale, au faîte de laquelle flottait l'étendard du seigneur. La cage d'escalier, O, s'arrêtant au 4e étage, on y accédait par des échelles mobiles qu'on appuyait contre le chemin de ronde. On a refait aujourd'hui les merlons. On compte 1 créneau à l'ouest, 2 au nord, 2 à l'est et 2 au midi.

La hauteur totale du donjon de Gavaudun, de la base du plateau au sommet des merlons, est de 20m 80 [1].

---

(1) C'est la mesure que donne M. Bourrière dans son rapport, et que nous n'avons pu vérifier.

Extérieur du Chateau. — Etudions maintenant l'extérieur du château et rendons-nous compte de son système défensif, principalement de celui du donjon.

Le donjon de Gavaudun affecte, ainsi qu'on l'a vu déjà par l'étude des étages intérieurs successifs, une forme des plus singulières. Ses deux faces ouest et nord sont carrées, coupées presque à angle droit, tandis que sa façade est s'arrondit en forme d'arc de cercle et que sa façade méridionale se brise en trois pans irréguliers.

Maintenant, si l'on se place à 150 mètres environ à l'est, au point où a été prise notre première photographie, presque au bas du coteau de Laurenque, on est frappé de la différence de teintes qu'offrent les deux étages inférieurs d'avec ceux d'au dessus. L'appareil n'est pas le même. Dans le bas, semblable à celui de la courtine méridionale, il est grossier, presque cubique, présentant tous les caractères des plus anciennes constructions du XII^e^ et même du XI^e^ siècle. Les pierres sont rougies, soit par le temps, soit par l'incendie ; le ciment fait défaut ; les assises s'alignent irrégulières ; tandis que, au dessus de cette ligne bien tranchée qui court à la hauteur des meurtrières à double aileron du premier étage, à 1 mètre environ au dessus de la dernière ceinture des trous de boulin, la teinte est plus grise, plus foncée ; l'appareil plus régulier, plus allongé ; le ciment est resté intact ; la construction en un mot est plus soignée, accusant d'une façon indubitable le mode, si connu, de la fin du XIII^e^ ou du commencement du XIV^e^ siècle. Toute la façade nord-est, ainsi que les faces nord et ouest, datent également de cette dernière époque.

La conclusion s'impose. Le donjon de Gavaudun a été construit en deux fois ; ou plutôt, sur l'ancienne tour du XII^e^ ou peut-être même du XI^e^ siècle, détruite, ainsi que nous le verrons dans la partie historique, en 1169, par l'évêque de Périgueux, Jean d'Assida, s'éleva au commencement du XIVe siècle le nouveau donjon, les constructeurs se gardant bien de renverser ce qui restait de la première forteresse, et, sur ses fondements sans doute fort solides encore et ses deux premiers étages, se contentant de bâtir avec un appareil plus soigné et un nouveau système de défense les quatre étages supérieurs. D'où cette forme bizarre et irrégulière qui leur fut imposée par les assises primitives inférieures des faces sud et sud-est.

L'étude des meurtrières vient confirmer cette manière de voir. Au rez-de-chaussée les quatre archères sont verticales, sans ailerons, offrant avec leurs niches intérieures cintrées tous les caractères du XIIe siècle, telles qu'on les voit aux tours de la vieille cité de Carcassonne.

A partir du milieu du 1er étage au contraire, c'est-à-dire à l'endroit précis où apparaît le nouveau mur, les meurtrières ne sont plus les mêmes. Elles ne sont constituées à l'intérieur que par un large ébrasement, sans ressaut, terminé toujours par une rainure verticale, mais cette fois entaillée à ses deux extrémités supérieure et inférieure, et en outre au milieu par un double croisillon.

Mêmes dispositions au 3e et 4e étages, où elles ne présentent il est vrai qu'un seul aileron, mais rentrent néanmoins comme les précédentes dans cette catégorie d'archères en croix pattée, si favorables au tir à la volée de l'arc ou de l'arbalète, et adoptées dans tous nos châteaux gascons dès le dernier quart du XIIIe siècle, beaucoup plus tôt par conséquent que ne semble le croire Viollet-le-Duc, qui ne les date que du milieu du XIVe siècle [1].

Et, signe distinctif de cette époque, ces archères des 1er, 3e et 4e étages ne sont plus percées les unes au-dessus des autres, comme entre le rez-de-chaussée et le 1er étage; mais elles chevauchent, c'est-à-dire qu'elles sont placées

---

(1) *Dictionnaire d'architecture*, T. VI. p. 393.

« pleins sur vides, afin de découvrir tous les points de la circonférence [1]. »

Il ne semble pas que les meurtrières de Gavaudun aient été percées en vue des armes à feu. Leurs rainures, toujours fort étroites, accusent nettement l'époque où l'on ne songeait pas encore à utiliser la poudre comme moyen défensif.

Entièrement rasées du côté nord, il est impossible de préciser la date des courtines.

Les quelques fragments de murs qui subsistent encore du côté du midi, dont quelques-uns atteignent une hauteur de six mètres et qui, suivant tout le contour du rocher, sont percés çà et là de trous de boulin, comme le rez-de-chaussée du donjon auquel ils viennent se raccorder, nous paraissent, tant par leur teinte rougie par le feu que par leur appareil cubique et les lignes irrégulières de leurs premières assises, remonter à la plus ancienne construction du château.

En résumé, toute la courtine méridionale, le rez-de-chaussée et une partie du 1er étage du donjon du côté sud et sud-est datent, selon nous, soit du commencement du XIIe siècle, soit peut-être du siècle précédent. Le château à cette lointaine époque ne devait consister, comme celui de Bonaguil [2], de Madaillan [3] et de bien d'autres encore, qu'en une simple tour, érigée à l'endroit le plus faible et entourée uniquement de courtines ou même de simples palissades de bois. Poste d'observation, plutôt que logis habitable ; simple refuge, avant de devenir une orgueilleuse construction.

Tout le reste, courtines nord et ouest, étages supérieurs du donjon, corps de logis, etc., fut élevé plus tard sur les assises primitives, et aussi considérablement agrandi,

---

(1) Dans ce même article *Meurtrière*, Viollet-le-Duc fait admirablement saisir, à la p. 388 du T. VI, cette savante disposition stratégique.

(2) Voir notre étude sur *Le Château de Bonaguil* (3e édition), Agen, 1898.

(3) *Etude sur le Château de Madaillan*, par MM. Tholin et Benouville, Agen, 1887.

sans doute à l'époque où les Baleinx le possédaient, c'est-à-dire dans les premières années du XIVe siècle, ou peut-être même seulement quelques années plus tard, au moment où il passa entre les mains de la puissante famille de Durfort.

En tous cas, tel qu'il fut reconstruit alors et qu'il se voyait au moment de la Révolution, avec ses tours et ses murailles à peu près intactes, ainsi que le certifient les vieilles gens du pays, il offrait le plus imposant et le plus pittoresque effet [1].

---

Après le château, quelques autres monuments méritent d'être signalés à Gavaudun.

D'abord, la *mairie actuelle*, vieille construction du XVe siècle avec son élégante fenêtre, aujourd'hui murée, sur sa façade est et ses deux portails, dont l'un, nous l'avons dit, est daté. Ce corps de logis, ainsi que les autres à côté, constituaient les dépendances du château : écuries, remises, communs, décharges, magasins, etc., toutes choses qui ne pouvaient exister au sommet du rocher.

Puis, l'*hospice* (*hospitium*), moitié auberge, moitié hopital, construit sur le bord de la route et si souvent mentionné dans les actes du XVIe siècle. Il renfermait la *chapelle Ste-Anne*, dont on voit encore les traces contre le fragment de rocher que la route neuve a coupé et qui était attenante au moulin établi sur la Lède. La tradition est encore vivante de

---

(1) Le donjon de Gavaudun a été dans ces dernières années l'objet de plusieurs tentatives de restauration, plus ou moins heureuses. Elles ont été entreprises d'abord par M. Gilles, ancien sous-officier du génie, architecte de la maison centrale d'Eysses, puis par M. P. Gout, envoyé par la commission des Monuments historiques, et, sous ses ordres, par M. L. Payen, architecte départemental de Lot-et-Garonne. En 1894, une somme de 5 300 fr. y a été employée.

la pièce dite la *pharmacie*, sous le dallage de l'église et de plain pied avec le reste de l'établissement. (1)

Mais le monument qui, de la part des archéologues comme des artistes, exige une visite toute particulière est l'*église de Laurenque*, à l'extrémité du village de ce nom, à 300 mètres à peine du sommet du donjon à vol d'oiseau. Pour y arriver on passe devant les ruines, fort pittoresques et d'un grand effet, d'une *autre église du* XIV$^{e}$ *siècle*, dont l'ossature se dresse encore imposante, en face même du donjon,et qui dut être détruite lors des troubles religieux ; puis, après avoir traversé le village, on se trouve en présence de l'ancienne chapelle conventuelle.

L'église de Laurenque a été minutieusement décrite par M. G. Tholin (2) . Nous n'y reviendrons pas. Qu'il nous suffise de rappeler que sa partie la plus ancienne se compose : « 1° : D'une abside pourvue d'un chœur et décorée de neuf « arcades sur colonnes,dont les cintres encadrent trois fenê- « tres. 2° : D'une nef de trois travées, à peu près carrées, « dont les deux extrémités sont voûtées en berceau plein « cintre, tandis que celle du milieu est recouverte par une « coupole sur pendentifs. »

Le portail, sans tympan, divisé en trois retraites dont les bandeaux « abritent deux plate-bandes, ornées, l'une « d'entrelacs et de rainceaux, l'autre de quadrupèdes et de « poissons »,présente, sur les six chapiteaux qui surmontent ses colonnes et ses pieds-droits, une ornementation des plus variées, inspirée, comme celle des chapiteaux de l'intérieur, par les principales scènes de l'Ancien Testament.

C'est avec un grand sens archéologique que M. G. Tholin, réfutant l'opinion de l'abbé Barrère, d'après lequel l'église

(1) Note fournie par M. Etcheverry.

(2) *Etudes sur l'Architecture religieuse de l'Agenais* par M. G. Tholin. Ch. VI, pages 111-114.

de Laurenque remonterait au x$^{e}$ siècle [1], lui attribue, avec preuves à l'appui, la coupole sur pendentifs notamment « qui vaut une date », une origine contemporaine de la fin du xi$^{e}$ siècle ou même du commencement du siècle suivant.

L'église de Laurenque dépendait déjà en 1153 du monastère de Sarlat. Le chanoine Jean Tarde la mentionne plusieurs fois dans ses Chroniques [2].

---

(1) *Histoire religieuse et monumentale du diocèse d'Agen*, par l'abbé Barrère, T. I, pages 209-213.

(2) *Chroniques de Jean Tarde*. p. 62, 205, 252. (In 4°, Paris, 1887).

Cliché Ph. Lauzun. Phototypie Bellotti.

CHATEAU DE GAVAUDUN

(LOT-ET-GARONNE)

## II

S'il est vrai que les peuples heureux sont ceux qui n'ont pas d'histoire, on ne peut pas dire, appliquant cet adage aux constructions anciennes, que le château de Gavaudun ait joui d'un bonheur parfait. Ses murailles, en effet, soutinrent plus d'un siège, dont le souvenir s'est perpétué jusqu'à nous ; son donjon a été détruit, puis réédifié, peut-être plus d'une fois, si bien que les annales de cette forteresse présentent un véritable intérêt. Quant aux faits et gestes de ses différents seigneurs, il suffit d'écrire les noms des Baleinx, des Durfort, des Lustrac, des Caumont, des Belsunce, pour voir qu'il fut possédé par les plus grandes familles de l'Agenais.

*Jean d'Assida, évêque de Périgueux.* — Un fragment des plus anciens titres concernant l'histoire de l'église de Périgueux nous apprend qu'il existait déjà un château de Gavaudun dans la seconde moitié du XII^e siècle. Parlant de Jean d'Assida, évêque de Périgueux de 1160 à 1169, date de sa mort, le *Recueil des Historiens des Gaules* nous dit : « Hic episcopus *Castrum Gavaudunum*, Agennensis dio- « cesis, obsedit, cepit, totumque subvertit. In eodem castro « raptores inhabitabant, viris religiosis plurima mala undi- « que inferentes [1]. »

(1) *Recueil des Historiens des Gaules*, t. XII. p. 392. (*Ex fragmento de Petragoricensibus episcopis.*) Bibl. de livres manuscrits du père Labbe.

Plus explicite, le *Gallia Christiana* nous donne sur ce siège du château de Gavaudun en l'année 1169 les détails suivants : « Cum jam hœretici ac pravi homines regiones « illas infestarent, haberentque perfugium castrum aliquod, « suo situ munitissimum, *Gavaudunum* nomine, ejusmodi « pestibus diocœsim suam expugnare volens, collecta arma- « torum manu, castrum expugnavit ac funditus subvertit. « Factum memoria dignum ac his versibus in epitaphium « conscriptis commendatum posteris :

« Perpetuis annis laus est celebranda Johannis,
« ... urbem decoravit et orbem ;
« Quippe *Gavaudunum* cui par, vix credo, vel unum,
« Saxo disjecit, post non habitabile fecit [1]. »

Faut-il voir dans ces « *raptores* » du premier texte, ou dans ces « *hœretici ac pravi homines* » du second, des affiliés à la secte des Henriciens ou des Manichéens, comme le donne à entendre l'abbé Barrère, qui reproduit, en les commentant à sa façon, les lignes du *Gallia* [2] ? Ce serait peut-être aller un peu loin. Toujours est-il qu'il existait un château de Gavaudun au milieu du XII^e^ siècle, que ce château fut assiégé en 1169, pour des motifs de religion, par l'évêque de Périgueux Jean d'Assida, que ce dernier, à la tête d'une troupe armée, s'en rendit maître et que, d'après le texte qui est formel, il le détruisit de fond en comble [3].

Toutefois le château de Gavaudun ne tarda pas à être rebâti, tel que nous en voyons encore les débris. Car, nous le

---

(1) *Gallia Christiana*. t. II, p. 1467 : *Ecclesia Petrocoriensis*.

(2) *Histoire monumentale et religieuse du diocèse d'Agen*, t. I. p. 331.

(3) En cette année 1169, le pape Alexandre III, nous apprend Jean Tarde dans ses *Chroniques*, p. 68, accorda à Garin de Comarque, XII^e^ abbé de Sarlat, une bulle où sont énumérées les paroisses dépendant de cette riche abbaye. Dans le nombre se trouve celle de « *Sainte-Marie de Gavaudun*. » Seize ans plus tôt, son prédécesseur Eugène III, prenant en sa protection ledit monastère, énumère les paroisses qui sont sous sa domination et y comprend l'église de « *Sancti Sacerdotis de Aurenca cum appenditiis suis*. »

trouvons expressément désigné dans l'acte d'hommage que rendirent, en 1271, au roi de France les principaux seigneurs de l'Agenais. Au chapitre II du *Saisimentum*, consacré au diocèse d'Agen et concernant la baillie de Monflanquin, on lit en effet : « Assuerunt etiam quod castra de Montesecuro, « de *Gavaudano* et de Cancer, sunt in honore et districtu « dicti castri de Monteflanquino domini Regis [1]. »

*Les Gavaudun.* — Quels étaient à cette date les propriétaires du château de Gavaudun ? Si le *Saisimentum* ne nous donne à cet égard aucune indication, en revanche nous trouvons sept ans après le testament d'un « *R. de Gavaudun, donzel* », qui semble d'ailleurs n'avoir eu que son nom de commun avec le château. Car, habitant sur les bords de la Dordogne, autour de Sainte-Foy, il élit sa sépulture dans l'église de Saint-Pierre d'Ainesse, comble de dons les églises de Gensac, de Coubeirac, de Pessac, etc., et institue pour héritier son fils Assalhit [2]. Le 7 janvier 1293, le même R. de Gavaudun donne à fief des terres dans la paroisse d'Appelles, juridiction de Sainte-Foy sur Dordogne [3]. Il existait donc à cette époque une famille de Gavaudun.

Puis, le silence se fait sur ce nom jusqu'en 1324, année où nous trouvons le château possédé par la famille de Baleinx.

*Les Baleinx.* — Le 3 septembre 1324, le roi d'Angleterre envoie une lettre circulaire « à tous les Magnats d'Aquitaine » pour les engager à lui conserver leur foi contre le roi de

(1) Cet acte, capital pour l'histoire médiévale de notre province, a été publié dans le *Recueil de la Société des Lettres, Sciences et Arts d'Agen*, 2e série, t. XIII, 1re partie, p. 69 C'est le complément du curieux procès-verbal, connu sous le nom de *Saisimentum*, du Languedoc, publié par Lafaille dans ses *Annales* de Toulouse, t. I, preuves, p. 1. et suivantes.

(2) *Archives historiques de la Gironde*, t. XXXII, p. 86-88. (Pièce tirée des archives de M. le comte de Ferrand, communiquée et transcrite par M. Paul Huet.)

(3) *Idem*, t. XXXI, p. 460-461.

France. Dans la liste des seigneurs se lit le nom anglais de « *Aumstang de Balenx, seignur de Gualvaldon* [1]. »

Trois mois après, le 28 décembre 1324, Edouard accorde le pardon à plusieurs seigneurs de son duché de Guienne, qui avaient pris le parti du roi de France. Dans cette lettre circulaire, on lit encore le nom, cette fois en latin, de « *Aus-* « *tencius de Balleyns, dominus de Gavaldu* [2]. »

Ce même Aumstang de Baleinx est qualifié seigneur de Cahuzac en 1347. Enfin, en 1341, nous voyons un *Izarn de Balenx* nommé, avec Pierre de Gontaud-Biron, coseigneur de Montpezat pour le roi de France [3].

Cette famille de Balleynx, Ballens ou Vallens était au XIVe siècle une des plus considérables du Languedoc et de l'Agenais. En ce qui concerne seulement ce dernier pays, elle possédait plusieurs fiefs dans la baronnie de Montpezat, « depuis le mariage, nous apprend M. de Bellecombe, de « Grimoard 1er de Balenx, seigneur de Cahuzac en 1150, avec « Isabeau de Castillon, sœur d'Elie de Castillon, évêque « d'Agen. » Parents des Montpezat, leur souvenir se retrouve encore autour du village qui porte ce nom [4]. Enfin, on les voit également figurer comme seigneurs de Casseneuil dans les actes les plus importants du XIVe siècle [5].

Le fort château de Baleinx, dont il ne reste plus aucune trace, à peine quelques pierres répandues dans les champs d'alentour et un ou deux souterrains comblés depuis peu, s'élevait au XIIIe siècle sur une éminence appelée « *La Moutto dé Valens* ou le *Castella* », dans la vallée du Tolzac, à peu de distance de la ville de Cancon, entre le

---

(1) *Rymer.* t. II, fol. III.

(2) *Idem.* t. II, fol. 122.

(3) *Histoire de Montpezat*, par M. A. de Bellecombe, p. 60-70.

(4) *Idem.* Note.

(5) *Revue de l'Agenais.* t. XI. p. 145-147 (1884).

château de Moulinet et le domaine de Mandet. A trois ou quatre cents mètres de là se voyait, paraît-il, au moment de la Révolution, une église romane, qui en dépendait et qui portait le nom de « la *Capella de Gabaldot* ou de *Gavaldu* », en souvenir du château de Gavaudun, possédé alors par les Baleinx. Au dire de M. L. Massip, qui veut bien nous fournir ces renseignements, cette église appartenait au dernier siècle aux moines de Gondon, qui, tous les ans, venaient y dire une messe à l'intention du fondateur inconnu [1].

Toujours d'après le savant historien de la ville de Cancon, la seigneurie de Valens, dont le château fut peut-être détruit par Simon de Montfort après le siège de Casseneuil, vaillamment défendu par Segui de Balencs en 1209 et 1214, époque à partir de laquelle les Balenx devinrent durant trois siècles seigneurs de Casseneuil, englobait toute la paroisse de Las Bordes, celle de Lentignac et une partie de la paroisse de Loupinat. Cette famille serait donc originaire de Cancon ; et c'est de ce berceau qu'elle aurait peu à peu étendu ses vastes domaines dans l'Agenais, à commencer par la terre de Gavaudun.

Bien qu'aucun document ne vienne appuyer notre dire, nous pensons que ce fut un Baleinx qui entreprit de relever de ses ruines le vieux château qui nous occupe et qui, surélevant le donjon sur ce qui restait des deux étages inférieurs, lui donna l'aspect et la forme que nous lui voyons aujourd'hui.

*Les Durfort.*— En 1363, « *Seguin*, seigneur de Gavau« don, baron, et *Guailhard de Gavaudon*, esquier » rendent hommage au prince de Galles pour leur seigneurie de Gavaudun [2].

---

(1) *Archives de l'Evêché* et terrier *de l'Abbaye de Gondon*, conservé aux archives de la mairie de Monbahus. (Note de M. L. Massip.)

(2) *Collections de documents historiques*, par Delpit. cxcii. art. 344. p. 87, d'après les comptes de Filongleye. Sénéch. de Périgord. nº 344 et 397.

Le 11 décembre 1366, « *Raymon Bernart*, sire de Gavau-« dun, donne quittance à Jehan Chauvel, trésorier des guer-« res, pour la somme de cent livres tournois, lesquelles nous « ont esté ordonnées à prendre chascung mois pour la garde « et deffense de nos lieuz, et lesquelles nous avons reçues « pour le premier mois dont nous nous tenons bien paiés... « Donné à Agen, sous notre scel, ce xie jour de décembre, « 1366. » Cet acte est accompagné d'un sceau rond en cire rouge de 25 millimètres. Type équestre : la housse et l'écu à la croix vidée, cléchée et pommetée. En exergue : ... O N. B N A. en caractère gothiques [1].

A quelle famille appartenaient et ce Raymond Bernart et le château de Gavaudun à cette époque ? Aux Durfort, très vraisemblablement.

Déjà, en 1347, un Raymond Bernard de Durfort, seigneur de La Capelle (qui est à une lieue de Gavaudun), donne quittance à ce même Jean Chauvel [2]. Il n'est pas qualifié toutefois dans cet acte de seigneur de Gavaudun. En revanche, dès l'année 1398, le nom de Durfort reste entièrement lié à celui de Gavaudun.

Le 25 octobre 1398, « noble et puissant seigneur *Bernard* « *de Durfort*, seigneur de Gavaudun et de Laroque-Timbaut « souscrit à Bertrand Lustrac, une obligation de 300 livres « d'or [3]. »

Trois ans plus tard, le 22 novembre 1401, Amanieu de Montpezat, IIIe du nom, reçoit procuration de ce même Bertrand de Durfort, qualifié « seigneur de Gavaudun et de « Laroque-Timbaut en Agenais », pour exposer à Jean de France, duc de Berry, lieutenant général pour le roi en

(1) Bibl. nat. Sceaux Clairambault. Reg. 52. p. 3,907. Cf : *Archives historiques de la Gironde*. t. XXIX. p. 411. Communiqué par M. Paul Huet.

(2) *Père Anselme*, t. V. p. 720. art. Durfort.

(3) Trésor général de Villevielle. Ve Lustrac. Cf. *Revue de Gascogne*, t. XVIII, p. 298.

Guienne, « que la guerre, la peste et autres malheurs ont « dévasté quarante lieues qui lui appartiennent, lesquelles « sont environnées de tous côtés par les Anglais [1]. »

Le château de Gavaudun tenait donc en ces premières années du xve siècle pour le roi de France, et ses seigneurs étaient un rameau de la grande famille de Durfort, une des plus puissantes de l'Agenais. De la branche de Duras, les Durfort de l'Agenais se font remarquer dans toutes les affaires du commencement de la guerre de Cent ans. Aymeri de Durfort hérite de la totalité des biens de la maison de Goth, de Blanquefort, de Duras, etc. Il réédifie somptueusement sur les bords du Dropt le château de Duras, dont il fait sa principale résidence, et il donne à chacun de ses enfants d'importantes seigneuries [(2)]. Ce dut être son second fils Bertrand qui devint propriétaire de Gavaudun et de Laroque-Timbaut.

Les Durfort ne s'attardèrent pas longtemps cependant dans la vallée de la Lède. Moins de trente ans après, Gavaudun était déjà passé dans la famille de Lustrac.

*Les Lustrac* [(3)]. — Au coude que forme le Lot, lorsque entre Fumel et Penne cette rivière quitte la direction du sud pour obliquer vers l'ouest, s'élève sur la rive droite le moulin fortifié de Lustrac. Cette importante construction, qui commande tout le cours du fleuve, date de la fin du XIIIe siècle. Elle fut édifiée en 1296 par Foulques de Lustrac qui lui donna son nom. Sur plan quadrangulaire, défendu à chaque angle par une tour et encore bien conservé, le mou-

(1) Archives de l'abbaye d'Eysses. Cf. : Généalogie de la maison de Montpezat, par J. B. de Laffore, *Nobiliaire de Guienne*. t. IV, p. 294.

(2) *Père Anselme*. t. V. art. Durfort. Cf : Lachesnaye des Bois, etc.

(3) Les armes des Lustrac étaient : Ecartelé aux 1 et 4 de gueules à 3 fasces d'argent; aux 2 et 3 d'azur au lion couronné de même, armé et lampassé de gueules. (Lachesnaye des Bois, t. XII, art. Lustrac.)

lin de Lustrac, qui au moyen-âge soutint plus d'un siège, fut remanié au XVIe siècle. Il est qualifié de fort dans les registres consulaires d'Agen [(1)].

Foulques de Lustrac passe pour être le chef de la branche de l'Agenais qui posséda Gavaudun pendant plus d'un siècle.

Nous avons vu précédemment un de ses descendants, Bertrand de Lustrac, devenir créancier pour 300 livres d'or, le 25 octobre 1398, de Bertrand de Durfort, seigneur de Gavaudun [(2)]. Cette créance ne put-elle être remboursée? Et, pour se couvrir, le seigneur de Lustrac se saisit-il de Gavaudun, soit par la force, soit à l'amiable? Toujours est-il que dès l'année 1430, son fils Arnaud de Lustrac, plus connu sous le nom de Naudonnet, se qualifie seigneur de Gavaudun, titre que prirent également ses descendants.

*Naudonnet de Lustrac* fut l'un des plus vaillants capitaines Gascons, qui, au XVe siècle, soutint le parti des Armagnacs. Digne émule des Xaintrailles, des La Hire, des Barbazan, il combattit toute sa vie l'ennemi héréditaire. D'abord, sous les ordres de son père Bertrand, il force les Anglais, commandés par Pons de Castillon, à abandonner le château de Frespech, et il les refoule au delà du Lot [(3)]. Quelques temps après, en 1427, et tout jeune encore, Naudonnet de Lustrac est nommé, sur la demande même des consuls, capitaine de la ville de Lauzerte et chatelain dudit château, « pour ce qu'il est de noble et ancienne lignée, expert en « armes et leur ami et voisin [(4)]. »

---

(1) *Notes sur la féodalité en Agenais* par M. G. Tholin. *Revue de l'Agenais*, t. XXV, p. 173.

(2) *Revue de Gascogne*, t. XVIII, p. 298. — Cf : Même revue et même tome, p. 493, *Note sur deux seigneurs de Lustrac*, par G. Tholin.

(3) Darnalt : *Antiquités d'Agen*, p. 98.

(4) Bibl. Nat. Cabinet des Titres. Dossier Lustrac. Lettres de provision. — Cf : *Revue de Gascogne*, t. XVIII, p. 299.

Dans une alliance contractée en 1432 avec Jean, comte de Foix, Naudonnet de Lustrac est qualifié « seigneur de Lustrac « et de Gavaudun en Agenais [1].»

En 1432, le seigneur de Gavaudun s'empare des châteaux de Sauveterre d'Agenais, de Monségur et de Casteculier sur les Anglais. « De Frespech, écrit Darnalt, le seigneur de « Montpezat vint assiéger Lafotz, où estait Naudonnet de « Lustrac; lequel, avec le seigneur de Beauville, se saisi« rent de Castelculier par escalade et par trahison ; et le « seigneur de Lustrac et les Français prindrent le lieu de « Sauveterre d'Agen et Monségur près dudit Lustrac sur « les Anglais [2]. » En ce qui touche l'affaire de Lafox, notre plus ancien chroniqueur fait allusion à ce fait que plusieurs habitants d'Agen, ayant malgré la défense de Naudonnet, communiqué avec ceux du parti Anglais, Lustrac les fit enfermer dans le château de Lafox. Leurs compatriotes s'adressèrent au seigneur de Montpezat et tentèrent d'aller les délivrer. Mais ils furent repoussés par les assiégés qui avaient à leur tête Naudonnet de Lustrac [3].

Peu après, ce vaillant soldat empêchait Penne, une des plus fortes places de l'Agenais, de tomber entre les mains des Anglais. Pour le récompenser de ce fait d'armes, le comte de Foix l'en nommait capitaine, nomination que sanctionnait peu à près le roi de France (12 avril 1434 [4].)

Naudonnet de Lustrac était à ce moment un des plus puissants seigneurs de l'Agenais. Il commandait pour le roi de France cinq grandes places fortes: Penne d'Agenais, Lauzerte, Sauveterre, Monflanquin, Castelculier. En outre, il

(1) Archives départementales des Basses-Pyrénées, E. 435.

(2) Darnalt, *Antiquités d'Agen*, p. 101. — Dans sa monographie du château de Sauveterre, M. G. Tholin signale ce fait d'armes du seigneur de Lustrac.

(3) Saint-Amans, *Histoire du département de Lot-et-Garonne*. Pièce orig. n° 2. Appendice.

(4) Bibl. Nat. Dossier Lustrac. — Cf: *Revue de Gascogne*, t. XVIII, p. 303.

possédait en propre les seigneuries de Lustrac, Terrasson, Montmarey, Tersol, Pierre-Levade, La Bastide de Michemont, etc., sans compter celle de Gavaudun pour laquelle il rend plusieurs fois hommage (1).

Le château de Gavaudun du reste semble avoir été une de ses résidences préférées. Nous le voyons y réunir souvent ses hommes d'armes et les y passer en revue. C'est ainsi qu'en octobre 1435, il tient à Gavaudun une garnison de dix archers et de dix-neuf écuyers. Le 14 novembre de la même année, est passée « La reveue de Naudonet, sr de Lus- « trac, escuier, capitaine de Penne d'Agenez et dix-neuf aul- « tres escuiers de sa compagnie, reçeue à Gavaudun. » Sur la liste des gens d'armes on lit les noms « dudit seigneur « de Lustrac, de Bernard de Lustrac, du seigneur de Bayol- « mont, de Jehan de la Duguie, de Jehan de Cuzorn, de Jehan « et de Bernardon d'Ayquem, etc (2). »

Deux ans après, le 3 octobre 1437, Naudonnet de Lustrac tient à Villeneuve d'Agen une compagnie de 30 hommes d'armes et de 30 arbalétriers.

Enfin, vers la même époque, Béraud de Faudoas, ayant été nommé sénéchal d'Agenais et se voyant mal accueilli des habitants d'Agen, aurait fait appel à Naudonnet de Lustrac et à Jean de Beauville pour rétablir l'ordre dans la ville. Les deux chefs de bandes seraient aussitôt arrivés; et, tandis que Faudoas convoquait les habitants en une assemblée générale, ils se seraient emparés par surprise d'une porte de la ville, auraient fait irruption dans les rues, arrêté les principaux factieux parmi lesquels l'archidiacre de Saint-Etienne qu'ils auraient jeté à la rivière, et finalement auraient extorqué aux habitants une forte somme d'argent. Lustrac jouit, durant trois ans, d'une impunité complète.

---

(1) Archives nat. Actes d'hommage de Lustrac, P. 1150, fol. VIIxx x et suiv.

(2) Idem. — Cf : *Revue de Gascogne*, t. XVIII, p. 303-304.

Mais en 1439, Charles VII ayant envoyé le Dauphin dans les provinces du Midi pour mettre un terme aux excès des bandes armées, les habitants d'Agen portèrent plainte contre le seigneur de Gavaudun et obtinrent, par une ordonnance du 28 Juin, de n'avoir pas à lui payer la rançon promise. Bien plus, le roi de France, s'étant rendu en 1445 à Montauban, ordonna à Lustrac de comparaître devant lui et le fit aussitôt emprisonner. Mais ce dernier fit valoir les services rendus par lui à la cause française. Il obtint sa liberté provisoire contre une caution de 10,000 livres que s'engagèrent à payer le sire d'Albret et d'autres seigneurs, ses amis, et finalement il se fit accorder des lettres de rémission pleine et entière (1).

Depuis cette époque, le seigneur de Gavaudun resta fidèle à la cause du roi de France. Il reprit le commandement de toutes ses places fortes, et il se trouve encore inscrit comme gouverneur de Penne en 1456.

D'après la généalogie de sa famille, Naudonnet de Lustrac aurait eu un frère *François*, qui, après sa mort, serait devenu seigneur de Gavaudun, ou tout au moins en aurait rendu hommage le 6 juin 1470 (2).

Des cinq enfants que laissait Naudonnet, son fils aîné, Antoine, hérita de tous ses domaines.

*Antoine de Lustrac*, chevalier, baron de Lustrac, Gavaudun et autres lieux, eut l'insigne honneur d'escorter avec les barons de Montpezat, de Bajaumont et de Beauville l'évêque

---

(1) M. Laplagne-Barris a publié pour la première fois ces lettres de rémission dans la *Revue de Gascogne*, t. XVIII, p. 306-311, d'après le reg. 184, série JJ, pièce 584, des Archives Nationales. Dans le même volume, M. G. Tholin a fourni quelques documents nouveaux sur cet épisode. Enfin, de nos jours, M. Henri Courteault, dans son article *Deux épisodes de l'histoire de l'Agenais pendant la guerre de Cent ans*, reprenant ce que l'on savait déjà, a ajouté une première lettre de rémission accordée à Jean de Beauville, d'après le reg. 176, série JJ, n° 196, f° 134, des Archives Nationales.

(2) Lachesnaye de Bois, Art. *Lustrac*. — Idem, *Dossier de Raymond*, n° 21.

d'Agen, Léonard de La Rovère, lors de l'entrée que ce prélat fit dans cette ville, par la porte du Pin, le 28 octobre 1492 [1].

Ce seigneur de Gavaudun avait épousé, vers 1480, Catherine de Durfort ; d'où, certains généalogistes ont supposé que c'était par ce mariage que la seigneurie de Gavaudun était passée des Durfort dans la famille de Lustrac. Nous avons pu voir qu'il n'en était rien, puisque depuis 1430 Naudonnet se qualifiait de seigneur de Gavaudun.

De ce mariage naquirent trois entants : 1° *Bertrand*, d'abord seigneur de Gavaudun, qui, malgré ses deux mariages, mourut en 1524 sans postérité. 2° *Anselme*, qui suit. 3° *Antoinette*, mariée à Jean de Grossolles, baron de Montastruc [2].

*Antoine II de Lustrac* hérita donc en 1524 de la seigneurie de Gavaudun. Cette même année, il épousa la belle-sœur de son frère aîné Bertrand, Françoise de Pompadour, sœur d'Isabeau et fille d'Antoine de Pompadour et de Catherine de la Tour d'Oliergues. Lachesnaye la dit veuve de Galliot de Lastours. Françoise de Pompadour, dame de Lustrac et de Gavaudun, fut une des étoiles de la Cour de France. Amie de Marguerite d'Angoulême, elle laissa de son passage des traces ineffaçables, si bien que lorsqu'elle mourut, jeune encore, à Saint-Germain en Laye, le 28 décembre 1548, Mellin de Saint-Gellais composa en son honneur une pièce de vers qui se terminait ainsi :

« Des pleurs s'en est la Seine redoublée,
« Et croy que moins n'en a faict la Garonne ! » (3)

Le nouveau seigneur de Gavaudun ne le cédait en rien à son épouse dans la brillante escorte du roi-chevalier. Il

---

(1) *Hist. relig. du diocèse d'Agen* par l'abbé Barrère, t. II, p. 154. — Labrunie, etc.

(2) Père Anselme, t. VIII, p. 245, *Art. Pompadour*. — Cf: D'Hozier, *Art. Lustrac*. — Idem, Lachesnaye des Bois, t. XII. — Id., Père Anselme, t. IX, p. 387, *Art. Grossoles*. — Id., *Dossiers de Raymond*, etc.

(3) Poésies de Mellin de Saint-Gellais, éd. de 1719, p. 174.

suivit François Ier dans toutes ses folles expéditions; et, quand le roi de France, sur les instances de Montluc, eut décidé de livrer bataille en 1544 aux Impériaux d'Italie, commandés par le vieux marquis du Guast, Antoine de Lustrac revendiqua l'honneur de combattre au premier rang. Il traversa les monts, vint mettre son épée au service du jeune comte d'Enghien, et se couvrit de gloire à la bataille de Cérisoles (14 avril). Sa valeur, jointe à l'audace du capitaine de Saint-André, décida, parait-il, de la victoire un moment incertaine. Couvert de blessures, Antoine de Lustrac fut d'abord compté parmi les morts. Il revint pourtant le lendemain, mais il avait perdu les yeux (1).

Notre héros n'était pas de la première jeunesse, puisque, la veille de la campagne, il avait promis sa fille unique, la belle Marguerite, à Jacques d'Albon de Saint-André, encore simple capitaine des ordonnances du roi. Rentrés tous deux à la Cour, le mariage se fit sans plus tarder (27 mai 1544), et Marguerite de Lustrac reçut en hoirie toutes les terres de ses ancêtres (2).

Antoine de Lustrac demeura quelques années encore seigneur de Gavaudun. On a de lui de nombreuses reconnaissances reçues pendant toute la première moitié du XVIe siècle, « au chasteau de Lustrac, paroisse de Ladignac, juridiction « de Penne en Agenais ». Il obtint même sur la fin de sa vie, et cela grâce à la haute protection de son gendre, tout puissant à la Cour, que la vicomté de Fronsac, nouvellement achetée par lui et érigée déjà en comté depuis 1551, le fut en marquisat par lettres de décembre 1555. Enfin, en 1557, il est encore porté sur le « rôle des nobles subjects à servir au « ban de la sénéchaussée d'Agenais et de Gascogne (3). »

(1) Mezeray, t. II, p. 1085, éd. 1685. — Cf : Martin du Bellay, Vielleville, Brantôme. Art. Saint-André dans la *Vie des Hommes illustres*, etc., etc.

(2) Bibl. Nat. Fonds français. n° 2748.

(3) Dossier généal. de Mme de Raymond, n° 21. — Cf : D'Hozier, Lachesnaye, etc

Il dût mourir peu de temps après, laissant sa fille Marguerite seule héritière de ses nombreux domaines.

*Marguerite de Lustrac.*— La vie de Marguerite de Lustrac est trop connue pour que nous en rappelions ici les longs et si curieux épisodes. MM. Hector de la Ferrière dans la *Nouvelle Revue* (1), Clément-Simon dans la *Revue des Questions Historiques* (2), le Père Chérot dans les *Etudes* (3), ont suffisamment exposé les phases si diverses de son existence mouvementée. Il restait à notre si regretté collègue et ami, Ph. Tamizey de Larroque, dont une des plus anciennes publications avait été consacrée à Anne de Caumont (4), à analyser, en les complétant par de substantielles notes, les trois ouvrages précités. C'est ce qu'il a fait, en deux articles parus dans la *Revue de l'Agenais* (5), où il épuise en quelque sorte le sujet. Aussi ne nous occuperons-nous de Marguerite de Lustrac et de sa fille Anne de Caumont qu'en ce qui concerne exclusivement leur baronnie de Gavaudun.

Marguerite de Lustrac naquit en 1527. « A mes yeux, « écrit Ph. Tamizey de Larroque, elle est probablement née « près de Monflanquin, dans ce château de Gavaudun, qui « paraît avoir été au XVI^e^ siècle l'habitation préférée de la « famille de Lustrac ». Contrairement à cette hypothèse, nous ne croyons pas que la belle Françoise de Pompadour, chantée par Mellin de Saint-Gellais, ait jamais résidé longtemps dans la sombre forteresse de la vallée de la Lède,

---

(1) Livraison du 1^er^ et 15 décembre 1895, p. 500-522 et 707-730 : *Anne de Caumont, duchesse de Fronsac.*

(2) Numéro du 1^er^ janvier 1896. p. 103-141 : *Une grande dame au* XVI^e^ *siècle : La maréchale de Saint-André et ses filles.*

(3) *Une grande chrétienne au* XVII^e^ *siècle : Anne de Caumont, comtesse de Saint-Paul, duchesse de Fronsac.* Paris, Dumoulin, 1896 (Tirage à part).

(4) *Document inédit relatif à l'enlèvement d'Anne de Caumont* (Cabinet historique, avril-mai 1873).

(5) *Revue de l'Agenais*, t. XXIII (1896), p. 101, et t. XXIV (1897), p. 160 et suiv.

pas plus que dans son manoir de Lustrac, sur les bords du Lot. Son mari était, nous l'avons dit, un des favoris de François Ier; elle-même, une amie de l'immortelle Marguerite. Ce dut être bien plutôt dans quelqu'une des résidences de la Cour de France, et en quelque sorte dans l'atmosphère royale, que naquit la future maréchale de Saint-André.

Tant que vécut son père, Marguerite ne vint jamais dans l'Agenais. Jeune, belle, ardente au plaisir, dévorée d'ambition, mariée à dix-sept ans au plus élégant et au plus raffiné gentilhomme de l'entourage du Dauphin, « lequel, écrit Vincent Carlois, fut un des quatre qui dévorèrent le Roi, comme le lion sa proie », la maréchale de Saint-André n'avait pas trop de temps pour se partager entre les fêtes de la cour, où elle tenait le premier rang après les princesses [1], donnant le ton, rivalisant de luxe avec les plus célèbres, et ses résidences presque royales de Vallery en Gatinais près de Sens, de Coutras, de Fronsac et ses terres de Bourgogne. On sait que le maréchal de Saint-André fut tué, le 19 novembre 1562, à la bataille de Dreux. Mais déjà son étoile commençait à pâlir. Il laissa ses affaires dans le plus mauvais état; et sa veuve, pressée par d'impérieux besoins d'argent, apparut dès cette époque dans l'Agenais, cherchant à mettre le plus possible à contribution ses vassaux.

Le château de Gavaudun, par sa position exceptionnelle, son site sauvage, ses abords presque imprenables, était un objet de convoitise pour tous les gens sans aveu qui parcouraient la contrée. Il servait de forteresse aux révoltés, de refuge aux persécutés; et justement, l'année où sa chatelaine officielle devint veuve, il fut le théâtre d'un drame dont les archives municipales d'Agen et les chroniques de Jean Tarde nous ont conservé le souvenir.

On se trouvait au plus mauvais moment des guerres reli-

(1) *Mémoires du duc de Guise.*

gieuses. L'Agenais, le Périgord, le Quercy étaient en feu, et Monluc exerçait ses violences dans toute la contrée. Victorieuses de l'armée de Duras à la bataille de Vergt en Périgord, les troupes catholiques, commandées par le capitaine Frayssenet, rentraient à Agen, amenant de nombreux prisonniers, auxquels le prévot de Monluc, le farouche Hélie de Ponchery, réservait ces fameux gibets de la porte du Pin, que le peuple devait baptiser ironiquement du nom de *Consistoires*. Cette petite armée passa par Gavaudun. Elle y trouva maître Jehan Claret, conseiller et garde des sceaux au siège présidial, qui, compromis lors de la dernière prise d'Agen par les Huguenots, était venu, dans la crainte de Monluc, y chercher un abri. Les catholiques ramenèrent le malheureux conseiller à Agen, « où, dès le lendemain, « il fut pendu, sur la nuict, aux torches, estant iceluy, « pour plus grande ignominie, vestu d'une robe longue, « avec son chaperon de magistrat et le bonnet quarré en « teste [1]. »

Gavaudun du reste, depuis le commencement des troubles, était devenu un ardent foyer de protestantisme. Un ministre, le sieur Lafontaine, y avait été installé par Jeanne de. Biron, la propre sœur du premier maréchal, qui, de religieuse catholique qu'elle était, s'était faite ardente calviniste et avait converti la plupart des habitants à la nouvelle religion [2]. Aussi ces derniers s'empressèrent-ils. dès que l'occasion s'en présenta, de tirer vengeance du meurtre de Jean Claret.

« Le 25 novembre 1569, nous apprend le chanoine Jean Tarde, « fust bruslé le prioré de Laurinque, près Gavaudun, par un nommé « Denis St-Selve, habitant dudict Gavaudun. C'estoit un prioré con-

---

(1) *Histoire des Eglises Réformées*, par Th. de Bèze, p. 260, éd. 1882, Toulouse. — Cf : *La ville d'Agen pendant les guerres de religion*, par G. Tholin. (*Revue de l'Agenais*, t. xv, p. 194. — Idem : *Livre de raison des Daurée de Prades*, 1880, p. 147.

(2) *Archives historiques de la Gironde*, t. xxix, p. 39, 43, 255, etc.

« ventuel, de l'ordre de S. Benoît, dépendant de l'esglise Cathédrale « de Sarlat. Il estoit beau et bien basti. Lorsqu'il fut bruslé, il estoit « tenu en commende, et n'y avoit que un prebstre nommé Martin « Rigal, qui le gardoit et y faisoit le service pour le prieur commenda- « taire. Lequel Rigal fust attaché à un pied de lit par ledit Senselve « et illec bruslé tout vif, avec les meubles et bastimens, cruauté et « barbarie qui fait voir quelle estoit l'âme de ces sainctz réforma- « teurs [1]. »

Veuve du maréchal de Saint-André depuis le 19 novembre 1562, Marguerite de Lustrac, qui avait à ce moment trente-cinq ans, songea à se remarier. Bien que ses amours peu cachées avec Antoine de Bourbon, roi de Navarre, l'aient faite la rivale de Jeanne d'Albret, l'épouse légitime, et lui aient valu une mention dans la galerie des Dames galantes de Brantôme ; bien que pour arriver à ses fins, d'épouser à la mort d'Eléonor de Roye « le petit homme », elle n'ait pas craint d'empoisonner, dit-on, sa fille unique, Catherine d'Albon, héritière de tous les biens du maréchal [2], sa fortune était assez considérable pour que, dans son entourage, elle n'eut que l'embarras du choix entre tous ceux qui se disputaient sa main. Elle attendit cinq ans, espérant devenir toujours princesse de Condé. Puis, quand cet espoir fut déçu, elle jeta son dévolu sur un compatriote et épousa un gentilhomme gascon, Geoffroy de Caumont. Le contrat fut passé le 10 août 1568, « par devant Maîtres Jean de Noguier « et Anthoine Costes, notaires royaux à Gavaudun [3]. » Ce fut donc au château de Gavaudun, dont elle était propriétaire depuis la mort de son père, que Marguerite de Lustrac convola en secondes noces et échangea le titre de maréchale de Saint-André contre celui, moins brillant, de baronne de Caumont.

(1) *Chroniques de Jean Tarde*, p. 252.

(2) *Mémoires de Castelnau.* Addition de Le Laboureur, t. II, p. 76.

(3) Archives départementales de Lot-et-Garonne, B. 38 p. 391, verso.

Le nouveau seigneur de Gavaudun jouissait d'une médiocre réputation. Il était cependant d'une des plus anciennes familles de la Guienne [1] et il comptait parmi ses ancêtres ce fameux Nompar II de Caumont, dont le voyage à Jérusalem en 1418 est resté justement célèbre [2]. D'abord homme d'église en qualité de cadet, protonotaire apostolique, abbé d'Uzerche, de Vigeois, de Clairac et prieur de Brive, « Geoffroy de Caumont quitta, dit M. Clément-Simon dans son « attachante étude, le petit collet à la mort de son frère « aîné François, mais il garda ses abbayes [3]. » « N'ayant « ni cœur, ni main, ni jugement », écrit Théodore de Bèze [4] qui ne lui pardonnait pas ses abjurations successives, quoiqu'il fut à ce moment Huguenot, « mais huguenot « à couvert, réaliste et poltronnesque », il est encore plus mal jugé par Monluc et par tous ses contemporains. « J'ay « cogneu, écrit Brantôme à propos du second mariage de « Marguerite de Lustrac, une dame qui avait épousé un « maréchal de France beau et vaillant, et en secondes nopces elle alla en prendre un tout au contraire de celuy-là [5]. »

Geoffroy de Caumont apportait, en revanche, à sa femme toutes les terres de ses ancêtres : la baronnie et le fort château de Caumont sur Garonne, les seigneuries de Tonneins-Dessus, de Castelmoron, de Fauillet en Agenais, de Castelnau et Fayrac en Sarladais, la riche abbaye de Clairac, etc., lesquelles, jointes à celles de sa femme, constituaient un des plus beaux patrimoines de France.

Dès le lendemain de son mariage, Marguerite ne reparut plus à la Cour. Elle vint dans l'Agenais, soit à Caumont, soit à Lustrac, soit à Gavaudun, « s'exilant volontairement,

---

(1) Père Anselme, t. IV, p. 467 et suiv.

(2) Ce voyage a été publié par le marquis de La Grange. Paris. Aubry, 1858.

(3) *Une grande dame au XVIe siècle*, par M. Clément-Simon. Oper cit.

(4) *Histoire des Eglises Réformées*, t. II, p. 466.

(5) *Dames galantes*, discours IV.

« écrit M. de La Ferrière, pour aller cacher son dépit et sa « honte dans l'un de ses nombreux châteaux. »

C'est à Gavaudun que nous la retrouvons en 1574, le lendemain de la mort tragique de son second époux, échappé par miracle à la Saint-Barthélemy, mais qui fut empoisonné en avril de cette année, en son château de Castelnau, par deux de ses coréligionnaires protestants [1]. Il laissait sa femme enceinte de sept mois.

*Anne de Caumont.* — Ici ce place la question, déjà fort controversée, de savoir en quel lieu naquit la célèbre Anne de Caumont? Le Père Anselme et d'après lui M. Clément-Simon proposent le château de Castelnau, sur les bords de la Dordogne. H. de la Ferrière et le Père Chérot hésitent à se prononcer. Seul, Ph. Tamizey de Larroque, se basant sur un document irréfutable publié pour la première fois par lui, la fait naître au château de Gavaudun en Agenais. Nous croyons avec lui qu'il ne peut exister aucun doute à cet égard.

Anne de Caumont naquit le 19 juin 1574. Or, moins de deux mois après, le 11 août, Marguerite de Lustrac écrivait à la Reine-Mère une longue lettre, datée de Gavaudun, où elle se plaignait de la situation qui lui était faite et qui commençait ainsi :

« Madame, combien que depuis la mort de feu Monsieur de Cau« mont je n'aie eu une seule heure de santé et soit ma vie presque « toujours éplorée par mes longues et continuelles maladies, toute« fois Dieu m'a réservé ceste bénédiction et à mes petits enfants d'avoir « conservé toutes nos maisons en l'obéissance du Roi, jusqu'à ce que « le XXIIII juillet dernier, celle de Caumont nous a esté soustraite et « livrée, avec tous nos meilleurs meubles et papiers et les fruits de

---

(1) Bibl. nat. Cabinet des Titres, Archives de La Force. t. xv, p. 91-92. — Cf : *Histoire de la ville, du château et des seigneurs de Caumont*, par M. l'abbé Alis, in-8° de 484 pages, 1898, p. 108 et suiv.

« deux années, à ceulx qui occupent Clairac et Casteljaloux, lesquels « m'avoient un peu auparavant pillé d'autre part le revenu de trois « autres terres, Fauillet, Tonneins-Dessus et Castelmoron-sur-Lot (1). »

« Comment une femme qui n'aurait joui depuis quatre « mois d'une seule heure de santé, écrit Ph. Tamizey de « Larroque, aurait-elle trouvé la force, à une époque où les « voies de communication étaient si peu commodes, de voya- « ger de Périgord en Agenais ? Comment au milieu des lon- « gues et continuelles maladies, dont elle entretient Cathe- « rine, aurait-elle osé braver de dangereuses fatigues ? » Aussi, pensons-nous avec lui que si Marguerite de Lustrac, malade et épuisée, sans doute des suites de ses couches (elle avait 47 ans), date sa lettre du 11 août, de Gavaudun, c'est qu'elle y était déjà moins de deux mois avant, c'est-à-dire le 19 juin, jour de la naissance de sa fille. On peut donc affirmer qu'Anne de Caumont est née le 19 juin 1574 au château de Gavaudun.

Non moins agitée que celle de sa mère fut la vie d'Anne de Caumont. Le Père Hilarion de Coste d'abord, puis de nos jours MM. de la Ferrière, Clément-Simon, Tamizey de Larroque, Baguenault de Puchesse, le Père Chérot, etc., l'ont racontée dans tous ses détails (2). Nous nous tairons donc, et sur les premières années de sa jeunesse, et sur son fameux enlèvement, opéré, alors qu'elle n'avait que six ans, par son tuteur le comte de La Vauguyon, qui, sur le refus de Marguerite de fiancer Anne à son fils aîné le prince de Carency, enleva de force la mère et la fille de leur château de Castelnau en Périgord (3) pour les enfermer dans sa terre du

(1) Bibl. nat. Fonds fr. vol. 15559, p. 134. Cf: *Documents inédits pour servir à l'histoire de l'Agenais*, par Ph. Tamizey de Larroque, 1875, p. 122-126.

(2) Ouvrages précités.

(3) Il s'agit ici du château de Castelnau et Fayrac, canton de Dome, arrondissement de Sarlat, au confluent du Céou et de la Dordogne, et non, comme l'ont écrit M. Magen et M. Clément-Simon, du château de Castelnau-sur Gupie, en Agenais, qui, bien qu'appartenant à la famille de Lustrac, n'était plus habitable depuis le XIV<sup>e</sup> siècle.

Limousin. La veuve de Geoffroy de Caumont réclama aussitôt le secours du roi de Navarre, son parent et coréligionnaire, et put facilement recouvrer sa liberté. Mais elle dut en passer par les volontés du sieur de La Vauguyon et consentir aux fiançailles de sa fille. Quant à cette dernière, elle demeura longtemps prisonnière au château de La Vauguyon, après même que son futur époux ait été tué à cause d'elle, le 6 Mars 1586, par Charles de Gontaud dans ce duel célèbre où Claude des Cars et ses deux témoins d'Estissac et La Batie furent assassinés par Gontaud, Pierrebuffière et Montpezat-Laugnac [1].

Le château de Gavaudun est souvent mentionné à cette époque dans les faits d'armes de Geoffroy de Vivant. On sait que ce célèbre capitaine huguenot combattait pour le roi de Navarre et que, sur les réclamations de la baronne de Caumont, ce prince l'avait mis pour ainsi dire à sa disposition. C'est ce qui nous explique pourquoi Vivant avait fait de Gavaudun sa résidence habituelle et comme en quelque sorte son camp retranché.

« Le mesme an 1580, écrit-il dans ses Mémoires, M. de La Vau-
« guyon ayant enlevé Mme la marquise de Fronsac des mains de Ma-
« dame de Caumont, sa mère, dans sa maison de Castelnau, pour la
« faire espouser au sieur de Carency, son fils, et s'estant saisi de toutes
« les maisons de ladite dame par le moyen de ceux qui y comman-
« daient, dont il s'estoit asseuré, elle fut réduite à se retirer dans une
« maison du bourg de Castelnau et de là chez le sieur de Feyrac ; et
« de là recourut au secours et assistance dudit sieur de Vivant, lequel
« en moins de trois mois eut remis en son obéissance toutes lesdites
« maisons, quoy que très fortes, qui sont Caumont, Thonneins-Dessus,
« Fauliet, Castelmoron, Goudourville, *Gavaudun* et les Millanges ; et
« ainsi ne restait que Castelnau, Fronsac et Coutras ès-mains du sieur
« de La Vauguion [2].

(1) L'Estoile, Brantôme, etc.

(2) *Faits d'armes de Geoffroy de Vivant*, publiés d'après le manuscrit original par Ad. Magen. Agen, 1887, p. 32.

Affreusement blessé à la bataille de Coutras, Vivant, alors maître de camp de la cavalerie légère, se fit porter à Gavaudun, « où le sieur Loyseau, chirurgien, le fit demeurer huit « jours sans boire ny manger que des gellées, des pruneaux « et croustes gluantes... et où il acheva sa guérison [1]. »

C'est de Gavaudun que partit son fils, le sieur de Doyssac, une première fois pour aller voir sa fiancée, la demoiselle des Martres, au lieu de Bosc, de l'autre côté du Lot, alors que passant par le gué de Lustrac il fut assailli par une bande de gentilshommes catholiques et les chargea si bien qu'il en fit plusieurs prisonniers, mais leur rendit aussitôt la liberté, « pour ce qu'il marchait ce jour-là plus pour l'amour « que pour la guerre [2] » ; — une seconde fois, pour tomber sur les gens de son voisin et ennemi le sieur de Giversac et en faire une véritable hécatombe [3].

Enfin, c'est autour de Gavaudun que s'engagea en 1590 cette sanglante affaire, que Vivant raconte en ces termes :

« Après, ledit sieur de Vivant ayant congédié ses trouppes pour se « préparer pour le susdit voyage de France, estant assez seul à Ga- « vaudun, le sieur de Belisance [4], avec deux compaignies de gens « de pied, s'avançant vers Bergerac pour le mesme voyage de France « print logis dans la terre de Blanchefort, appartenant à Mr de Roc- « quefeuil, et puis vint veoir ledit sieur de Vivant à Gavaudun, avec « un soldat, où il coucha. »

Mais apprenant que le sieur de Roquefeuil avec d'autres capitaines catholiques, 120 maistres et 300 arquebusiers, les attendait à La Sauvetat sur Lède pour défaire ses compagnies, Belsunce en fait part à Vivant, qui réunit tant bien que mal 11 hommes d'armes, 8 carabins et 2 trompettes, et

(1) *Faits d'armes de Geoffroy de Vivant*, pp. 46-47.

(2) Idem, p. 49.

(3) Idem, p. 60.

(4) Pour Belsunce. Il s'agit ici d'Antoine de Belsunce, tué plus tard au siège de Rouen en 1592.

tous deux, avec ce faible contingent, quittent Gavaudun et marchent à l'ennemi. Ils rencontrent les coureurs catholiques, les culbutent et arrivent devant La Sauvetat où était le gros de la troupe.

« Là, ledit sieur de Vivant se mit en bataille devant le bourg, fait « sonner sa retraite, puis va à leur veue retirer à deux lieues de là « les compagnies de M. de Bellesence, et les conduit en seurté à Ga- « vaudun. Le s[r] Honorat, frère de M. de Roquefeuil, y fut porté par « terre au premier rencontre et blessé puis de quelques balles, plus « meurtry et son cheval; puis le sieur de Vivant, l'ayant rencontré sur « son retour encore en vie, le fit conduire à Gavaudun et le bien pen- « ser en la présence des gens de M. de Roquefeuil, envoyés pour « sçavoir son estat; mais il expira la nuit entre leurs bras, au grand « regret de M. de Vivant (1).

Le château de Gavaudun demeura, jusque peu avant sa mort, la propriété de Marguerite de Lustrac. Cette dernière avait abandonné sa fille Anne au château de La Vauguion, où, après la mort de son premier fiancé, elle se vit contrainte d'épouser, toujours par procuration, son frère cadet Henri des Cars, devenu par la mort de son frère prince de Carency (1586). Mais la baronne de Caumont fit opposition à ce simulacre de mariage, constamment agitée, se mêlant avec ardeur aux luttes politiques, changeant de religion au gré de ses intérêts, d'abord catholique, puis protestante militante dévouée à la cause du Béarnais, puis faisant subitement volteface et passant dans le camp des Guise, au point d'aller offrir à Mayenne pour son fils le duc d'Aiguillon sa malheureuse enfant toujours prisonnière en Limousin. On sait comment Mayenne, séduit par la grosse fortune de l'hé-

(1) *Faits d'armes de Geoffroy de Vivant*, p. 62-63. Il s'agit ici d'Honorat de Roquefeuil-Blanquefort, second fils d'Antoine II de Roquefeuil, seigneur de Bonaguil et de Philippine de la Tour, son épouse en seconde noces. Sa mort, advenue au château de Gavaudun, fit passer ses terres de Blanquefort, non toutefois sans d'interminables procès, dans la maison du marquis de Pechpeyrou-Beaucaire. Voir notre *Etude sur le château de Bonaguil*, 3e édition, 1897, pp. 84 et suivantes.

ritière, accepta cette combinaison et, soutenu cette fois par Vivant qui, décidément, n'avait rien à refuser à la baronne de Caumont, procéda, à la tête de toute l'armée catholique, en assiégeant le château de La Vauguion, au second et très ridicule enlèvement d'Anne de Caumont. Juchée sur un chariot la pauvre infortunée dut suivre l'armée de Mayenne jusqu'à Paris, où elle fut placée auprès de la duchesse de Mayenne [1].

Nous n'insisterons pas davantage, dans cette courte notice historique, sur le troisième enlèvement d'Anne de Caumont que tentèrent, vers la fin de 1593, la mère et la fille cette fois d'accord, avec la protection d'Henri IV. Mayenne dut s'incliner devant l'autorité royale; et, la Ligue ayant pris fin et Anne de Caumont atteint sa majorité, elle fut mariée définitivement de par la volonté du Roi, qui régla lui-même les conditions du contrat, à François d'Orléans, comte de Saint-Paul, frère du duc de Longueville.

Le contrat porte la date du 16 janvier 1595 [2]. Mais au moment de le signer, sa terrible mère refusa son consentement, pour la raison, disait-elle, que ses comptes avec sa fille n'avaient pas été réglés selon ses désirs. Elle finit cependant par céder ; mais elle garda toujours rancune à sa malheureuse enfant, se sépara d'elle, et se retira en Périgord dans sa terre des Millandes près de Bergerac, où elle mourut deux ans après.

Dans son testament, daté du 17 juin 1597, elle institue pour son héritier universel le sieur de La Force, neveu de son mari, plus tard duc de La Force et maréchal de France, avec lequel elle avait toujours été en désaccord, et elle deshérite sa fille Anne, « attendu qu'elle a commis en mon en-« droict plusieurs mauvais offices, m'ayant pris mes mai-

(1) Voir sur cet événement : de Thou, Brantôme, l'Estoile, etc.

(2) Archives départementales de Lot-et-Garonne, B. 28.

« sons et seigneuries de *Gavaudun*, Terrasson et Lustrac, « et d'icelles tiré hors mes garnisons, receveurs et servi- « teurs que j'avois dedans ; lesquelles maisons elle détient « encore, ensemble tous les vivres, meubles et titres que « j'avois dedans, de la valeur de cent cinquante mille « francs ou plus, et s'est efforcée de prendre toutes mes au- « tres maisons, et par ce moyen me rendre toute misérable « et me priver de ma nourriture et entretenement, à raison « de quoi je la tiens en procès et la poursuis par la rigueur « de la justice... etc [1]. »

D'après ce document, Anne de Caumont serait donc devenue châtelaine de Gavaudun à partir de son mariage, en 1595. Mais c'est surtout après la mort de sa mère que nous la voyons y exercer tous ses droits seigneuriaux, défendre avec acharnement son patrimoine contre les prétentions du sieur de La Force, héritier de Marguerite, et se montrer rebelle à toutes sortes de transactions.

Le comte de Saint-Paul, son mari, avait été nommé gouverneur de Picardie. Il s'installa somptueusement à Amiens dans l'hôtel des Trois Cailloux et y fit porter les plus beaux meubles qu'il possédait. Malheureusement ses capacités militaires furent insuffisantes pour conserver cette place au Roi. Amiens fut pris par les Espagnols en mars 1597 et le comte et la comtesse de Saint-Paul y perdirent tout ce qu'ils avaient. « Il est arrivé, écrit à ce sujet M. de La Force à sa « femme, le 12 mars 1597, un grand accident aux affaires « du Roi, de la prise d'Amiens par les Espagnols. L'on « tient que M. et M^me^ de Saint-Paul ont perdu dans Amiens « vaillant plus de deux cent mille écus; les *belles tapisse-*

(1) Bibl. nat. Cabinet des Titres, Dossier de La Force, et Fonds du Périgord, t. XV des manuscrits réunis par MM. Leydet et Prunis, p. 95. — Cf : *Documents pour servir à l'histoire de l'Agenais*. Note, p. 126, etc. — Le testament de Marguerite de Lustrac a également été publié par M. le comte Baguenault de Puchesse, le savant éditeur des Lettres de Catherine de Médicis, après M. H. de La Ferrière.

« *ries de Gavaudun* (sic) y avaient été portées... etc [1]. »

Le château de Gavaudun possédait-il donc de si belles tapisseries à cette époque, que M. de La Force ait jugé utile dans sa lettre d'en consigner la disparition? Nous ne le croyons pas. Nous pensons qu'il y a plutôt ici une erreur de texte, et que, de même que dans le testament d'Anne de Caumont nous voyons écrit « la saincte chapelle de Ga- « vaudun » pour « la saincte chapelle de Chateaudun », nous devons lire « les belles tapisseries de Chateaudun. » On sait, en effet, que ce remarquable château, vrai bijou du XV^e^ et XVI^e^ siècles, appartenait au comte de Saint-Paul, que les membres de sa famille reposaient dans sa merveilleuse chapelle et qu'il renfermait des meubles du plus grand prix. Il est donc permis de supposer que ce furent les tapisseries de Chateaudun, bien plutôt que celles de Gavaudun, à nos yeux très problématiques, qui avaient été portées à Amiens, à l'hôtel du gouverneur.

Avec le XVII^e^ siècle, l'histoire de Gavaudun présente un bien moindre intérêt.

Vivant modestement à Paris, tandis que le comte de Saint-Paul, vrai prodigue, dissipait toute sa fortune, Anne de Caumont ne vint que rarement dans ses terres de l'Agenais, quelquefois à Caumont où régnait en despote le fameux Hercule d'Argilemont [2], jamais à Gavaudun.

Plus heureux néanmoins que le château de Caumont, pris en 1621 par M. de La Force, repris par Mayenne, et finalement rasé en 1623 par ordre du duc d'Epernon [3], le châ-

(1) *Mémoires et Correspondance du duc de La Force*, t. I, pp. 283-284. — Cf. : Tamizey de Larroque, l'abbé Alis, oper. cit.

(2) Voir l'intéressante notice de M. Ph. Tamizey de Larroque : *Hercule d'Argilemont*, Bordeaux, Gounouilhou, 1890. (Extrait des actes de l'Académie nationale des Sciences, Belles-Lettres et Arts de Bordeaux.) — Cf. : *Histoire de Caumont*, par l'abbé Alis, ch. XI, pp. 175 193.

(3) *Histoire de Caumont*, oper. cit., ch. XII et XIII.

teau de Gavaudun dut à son site reculé de conserver à peu près intacts son corps de logis principal ainsi que son donjon.

Dans les actes publics, il fait toujours partie du patrimoine de la comtesse de Saint-Paul. Ainsi, en 1599, le présidial d'Agen rend une sentence « ordonnant à Etienne « Martinet, fermier de la dame de Gavaudun de déposer « les titres sur lesquels repose sa revendication de droits « féodaux contre Pierre et Jean Mirabeaux [1]. »

Le 4 Mars 1605, le arpenteurs jurés du pays d'Agenais procèdent à la détermination des limites de la juridiction de Gavaudun, une des plus considérables du Haut-Agenais. Elle comprend les paroisses de Laurenque, de Salles et de Vauris. Sa contenance est de 6427 carterées. Plus tard en 1715, dans un autre relevé, le total de ses droits seigneuriaux se monte à 5000 livres [2].

En 1610, Pierre Rimonteilh est reçu « juge de la baron-« nie de Gavaudun, pour François d'Orléans, comte de « Saint-Paul, gouverneur de Picardie [3]. »

L'année précédente 1609, « Haute et puissante princesse « Anne de Caumont... abandonne, sous forme de donation, « à son fils unique Léonor d'Orléans les châteaux, tours et « seigneuries de Castelnau sur Millandes, Chastelmoron et « Thouneinx [4]. » Dans cette importante donation, il n'est pas question de Gavaudun, qui reste sa propriété privée.

En revanche, six ans après, le 11 mars 1615, la comtesse de Saint-Paul, désabusée, délaissée par son mari et se consacrant de plus en plus aux bonnes œuvres, fait, à Paris, donation d'une rente de 1000 livres, « assise sur sa terre de

(1) Archives départementales de Lot-et-Garonne, B. 585.

(2) Idem, E. Suppl. 590 (11-17). Reg. in-folio de 365 feuilles. — Idem, Introduction, p. XXIV.

(3) Idem, B. 8.

(4) Idem, B. 38, p. 391.

« Longwy au Perche et sur sa terre et *seigneurie de Ga-*
« *baudun* et ses appartenances et dépendances quelconques
« situées ès Agen... pour la dotation du couvent des Mini-
« mes de l'ordre de Saint-François de Paule, nouvellement
« fondé au faubourg Saint-Crespin de la ville de Chateau-
« Thierry, sous le titre de Couvent de Jésus-Maria [1]. »

Anne de Caumont perdit son fils unique, le jeune duc de Fronsac, le 3 septembre 1622, à l'âge de dix-huit ans, dans une escarmouche sous les murs de Montpellier [2]. Neuf ans après, le 7 octobre 1631, elle devenait veuve, par la mort du comte de Saint-Paul, dont elle était déjà séparée de biens et qui lui avait mangé à peu près toute sa fortune. Fronsac, Coutras, avaient dû être vendus. Il ne lui restait que Caumont et Gavaudun, baronnies pour lesquelles elle rend hommage jusqu'au jour de son décès [3].

Anne de Caumont mourut à Paris, en odeur de sainteté, le 17 juin 1642 [4]. Selon sa volonté, elle fut inhumée au couvent des filles Saint-Thomas qu'elle venait de fonder.

Une clause de son testament, publié *in-extenso* par le Père Chérot et daté du 12 juin 1642, mérite d'être ici retenue [5].

Avant d'instituer pour son légataire universel son neveu, Henri d'Orléans, duc de Longueville, l'époux de la fameuse Anne de Bourbon, qui devait devenir l'héroïne de la Fronde et être sacrée immortelle par Victor Cousin, Anne de Caumont donne, entre autres legs particuliers :

« A Me *Jean Baptiste d'Auray*, chevalier, seigneur de

(1) Archives départementales de Lot-et-Garonne, B. 41, pp. 157 et suivantes.

(2) Dupleix, *Histoire de Louis XIII*, éd. 1663, Denis Béchet, p. 229.

(3) Archives départementales de la Gironde, C 2240.

(4) Voir, outre la *Vie d'Anne de Caumont* par le Père Hilarion de Coste, sa fin édifiante et ses dernières années toutes consacrées aux bonnes œuvres et aux fondations pieuses, dans la remarquable étude du Père Chérot, oper. cit.

(5) Idem, Appendice, p. 135.

« Sérouville et à dame *Françoise de Souillac,* son épouse, « et à chacun d'eux, la somme de vingt-deux mil livres tour- « nois une fois payée. Et à *Pierre d'Auray* leur fils, appe- « lé le chevalier, la somme de six milles livres tournois, « aussy une fois payée, faisant les dictes trois sommes en- « semble la somme de cinquante mille livres tournois. »

Nous ignorons quels liens de parenté unissaient Anne de Caumont ou son mari à cette famille d'Auray. Quoiqu'il en soit, ce legs de cinquante mille livres ne put très certainement pas lui être payé en espèces. Aussi, d'accord sans doute avec l'héritier universel, les d'Auray prirent-ils comme paiement la terre et le château de Gavaudun. En tous cas ils en sont propriétaires au lendemain même de la mort de la comtesse de Saint Paul.

*Les d'Auray de Brie.* — D'une ancienne famille originaire de Bretagne et habitant la Beauce, les nouveaux seigneurs de Gavaudun n'avaient aucune attache avec l'Agenais. Aussi, une fois nantis de cette baronnie, cherchèrent-ils immédiatement à l'aliéner. C'est ce qui nous explique la cause du contrat d'échange, dont la copie est conservée aux archives départementales de Lot-et-Garonne, « de la terre et « baronnie de Gavaudun appartenant à Jean-Baptiste d'Au- « ray contre la vicomté de Chateauneuf à la dame Jeanne « de Pierrebuffières [1]. »

Nous y voyons en effet que « Jeanne de Pierrebuffières, « dame, marquise de Chateauneuf et du vicomté de Combort, « veuve de messire Jean de Gontaud de St-Geniès, chevalier, « seigneur, baron de Cuzorn en Agenais..., déclare bailler, « céder et transporter la terre, seigneurie et marquisat de « Chasteauneuf, située dans le Haut-Limousin, et aussi la « terre, seigneurie et vicomté de Combort au Bas-Limousin,

(1) Archives départementales de Lot-et-Garonne, B. 61.

« provenant toutes deux des successions de son frère et de « son père... à Jean-Baptiste d'Auray, chevalier, seigneur de « Sérouville, demeurant en son château de Sérouville, « en Beausse... lequel, en échange, baille, cède et trans- « porte à la dite dame de Cuzorn, la *terre, seigneu-* « *rie et baronnie de Gavaudun,* seize en Agenois, mou- « vant du Roy à cause de sa couronne et duché de Guienne, « avec toutes ses appartenances et dépendances qui sont « tant en la juridiction de Gavaudun qu'en celle de Villeréal « et Monsaimpron... Consistant en maisons, bastimens, jus- « tice haulte, moyenne et basse, etc., pour en jouir par la « dite dame de Cuzorn, tant ainsi qu'en a jouy et jouis- « sait Mᵉ la comtesse de Saint-Paul, lors de son décès ; la « dite terre, seigneurie et baronnie de Gavaudun, joignant « et aboutissant aux terres, juridictions et seigneuries de « Biron, Pauliac, Monségur, Condesaigues, Monsaimprom, « Cuzorn, Blanquefort et La Capelle-Biron... Et, pour ce « qu'il y a de contestation pour raison de l'*hospital* qui « est audit Gavaudun, il délivre à ladite dame tous les « titres qu'il peut avoir concernant ledit hospital. » Le lot de la dame de Pierrebuffière étant plus important, le seigneur d'Auray s'engage à bailler pour soulte la somme de cinq cent mille francs. Mais d'un autre côté, la dame de Pierrebuffières, « pour la bonne amitié et affection qu'elle « porte audit de Sérouville et à la dame Françoise de « Souillac, sa cousine, leur donne ladite plus value des- « dites terres de Chateauneuf et de Combort, oultre et par- « dessus ladite terre de Gavaudun et soulte ci-dessus spé- « cifiée. Fait à Paris, le 14ᵉ jour de janvier 1644. »

Pour des motifs que nous ne connaissons pas, ce contrat d'échange ne reçut aucun effet. Jeanne de Pierrebuffières ne reparait plus qualifiée du titre de dame de Gavaudun, tandis que les d'Auray exercent encore, pendant près de cinquante ans, sur cette terre tous les droits seigneuriaux.

Dans son contrat de mariage avec Elisabeth de Bourzolles, à la date du 6 juin 1669, René d'Auray, fils de Jean-Baptiste d'Auray, chevalier, seigneur de Sérouville, gentilhomme de la chambre du Roi, etc. est qualifié marquis de Gavaudun (1). Puis, ce sont de nombreuses pièces de procédure, en 1671, 1672, 1677, etc., où Françoise de Souilhac, sa mère, porte ce titre de « dame de Gavaudun. » (2) Dans le dénombrement de 1677, la terre et baronnie de Gavaudun, est dite appartenir à messire René d'Auray (3). Il est même spécifié à cette date, dans un mémoire de l'intendant Faucon de Riz, que la localité de Gavaudun contient un temple de la religion prétendue réformée, mais que le consulat n'y est pas my-parti (4). Ce temple fut fermé, peu de temps après, par suite de la révocation de l'Edit de Nantes (5).

Enfin, remontant quelques années auparavant, signalons pendant l'occupation des d'Auray une très curieuse note, insérée dans un registre paroissial de Montagnac-sur-Lède par le sieur Combette, recteur de cette paroisse, où il est dit textuellement que : « Le 22 janvier 1653, à la pointe du « jour, la garnison de Villeneufve et Pène a mis le feu à « Gavaudun, pillé quelques maisons, emmené quelques pri- « sonniers et quantité de bétail de la campagne (6). »

On sait qu'en quittant la Guienne, le prince de Condé y laissa de nombreux partisans, que des troubles sérieux éclatèrent après son départ dans Agen, que le comte d'Harcourt mit le siège devant Villeneuve, vaillamment défendue

(1) Archives départementales de Lot-et-Garonne, B 80, p. 342.

(2) Idem, B. 985, 989, 1015.

(3) Archives départementales de la Gironde, 2246.

(4) Archives hist. de la Gironde, t. xv, p, 485. Cf. : Archives nationales, TT, 287.

(5) Idem, t. xv, pp. 512-516. Cf. : Archives nationales, TT, 287.

(6) Archives communales de Lot-et-Garonne. Supplément à la série E. Archives de Montagnac-sur-Lède, GG. 1. Il est à remarquer que la note dit simplement « à Gavaudun » et non au château de Gavaudun.

par le marquis de Théobon, et qu'après avoir pendant quatre mois (avril-juillet 1652) vainement tenté de s'emparer de cette ville, il dut se retirer vers le nord, ne laissant de son passage que ruines et dévastations. On peut donc regarder cet incendie de Gavaudun par les troupes royales, qui n'est du reste signalé dans aucun autre document, comme un des derniers épisodes des troubles de la Fronde et une des conséquences de l'indiscipline qui régnait alors dans les garnisons, même soumises à l'autorité du Roi.

Au XVIIIe siècle, les d'Auray de Brie revendent à Godefroy de Secondat, baron de Montesquieu, cousin du célèbre président, la terre de Montagnac-sur-Auvignon, qu'ils détenaient depuis 1685. Ils étaient aussi à cette époque seigneurs de la terre d'Artigues en Agenais [1]. Dans chacun de ces actes ils prennent le titre de marquis de Gavaudun [2].

Pourtant, depuis longtemps déjà, Gavaudun ne leur appartenait plus.

Au lendemain même du jour où les d'Auray sont mentionnés dans le testament d'Anne de Caumont, leurs affaires se trouvent dans le plus mauvais état. L'échange de Gavaudun contre le marquisat de Chateauneuf n'ayant pu aboutir, ils en restèrent propriétaires jusqu'en 1686, en la personne d'abord de *Jean-Baptiste d'Auray* et de sa femme Françoise de Souillac, puis de leur fils, *René d'Auray*, enfin de leur petit-fils *Jacques-Armand d'Auray*, héritier de son aïeule, la dame de Souillac.

C'est peut-être à ce moment que s'accrédita la légende, d'après laquelle le seigneur de Gavaudun, dont le nom du reste n'est pas indiqué, perdit au jeu la seigneurie qui lui

---

(1) Archives de Mme de Raymond. Dossier général, n° 117, d'après les archives du château d'Arasse à M. le marquis G. de Saint-Exupéry.

(2) Archives départementales de Lot-et-Garonne, B. 308. — Cf. : *Monuments féodaux du département de Lot-et-Garonne*, par J. Bourrousse de Laffore, p. 45.

venait d'Anne de Caumont, et, favori de la cour de Louis XIV, s'en consola facilement par le couplet suivant, improvisé par lui en quittant la partie :

« Le Roi Jacques et Gavaudun
« Ont tous les deux un sort commun :
« L'un vient de perdre l'Angleterre,
« Au jeu l'autre a perdu sa terre [1]. »

Il est avéré dans tous les cas qu'en l'année 1686 une nuée de créanciers s'abattit sur le seigneur d'Auray : le marquis de Belsunce, Jeanne de Caumont, épouse du marquis d'Orbecq, Jeanne de Fabas, marquise de Pourdiac, un sieur de Vassal, et aussi un prêtre anglican Edouard Erincthon, directeur d'un couvent de religieuses Anglaises aux Fossés Saint-Victor à Paris. Tous demandaient que pour se couvrir de leurs créances il fut procédé à l'adjudication de la terre de Gavaudun.

Déjà le 5 novembre 1646, c'est-à-dire deux ans après le décès de la comtesse de Saint-Paul, la marquise de Fabas avait opéré une saisie réelle sur cette seigneurie. Mais elle fut momentanément désintéressée.

Les affaires des d'Auray ayant empiré, la vente de Gavaudun fut ordonnée par arrêt du Parlement. Elle eut lieu, le 30 juillet 1686, au bénéfice du marquis de Belsunce, qui fut déclaré « adjudicataire par décret de ladite terre et sei-« gneurie de Gavaudun pour la somme de 64,000 livres. » Mais les autres créanciers, et avec eux le principal intéressé, le jeune marquis d'Auray, protestèrent « contre la précipi-« tation de cette vente » et demandèrent qu'il fut procédé à une nouvelle adjudication. La marquise de Fabas déclare vouloir se porter pour 80,000 livres ; la marquise d'Orbecq pour 120,000 livres, etc. Bref, l'affaire vint devant le Parle-

(1) Légende rapportée par M. Bourrière, architecte, dans ses notes inédites sur le château de Gavaudun.

ment de Paris en janvier 1690. Quatre audiences furent consacrées aux plaidoiries. Mais les plaignants furent déboutés de leurs demandes; et, par arrêt définitif du 27 janvier, la Cour maintint la première adjudication de la baronnie de Gavaudun sur la tête du marquis de Belsunce [1]. Ce dernier en prit aussitôt possession (1690).

*Les Belsunce.* — Est-ce à titre de créancier des d'Auray, ou bien comme parent d'Anne de Caumont, par alliance, qu'Armand de Belsunce poursuivit l'adjudication de la terre de Gavaudun? Nous ne pouvons le dire. Toujours est-il qu'il avait épousé une cousine de la comtesse de Saint-Paul en la personne d'Anne de Caumont-Lauzun, fille de Gabriel Nompar de Caumont, comte de Lauzun et de sa seconde femme Charlotte de Caumont-Laforce, sœur du fameux duc de Lauzun et petite-nièce du célèbre maréchal de La Force. C'est même en vertu de ce mariage qu'Armand de Belsunce reçut du vieux maréchal, présent au contrat (21 juillet 1668), la terre et seigneurie de Castelmoron [2].

La famille de Belsunce, d'ancienne souche, était originaire de la Basse-Navarre. Une branche cadette vint s'établir en Agenais au commencement du XVIIe siècle. Jacques de Belsunce, troisième fils de Jean V, aide de camp des armées du Roi en 1631, acheta en effet vers cette époque à Maximilien et à Philippe de Durfort la seigneurie de Born, près de Villeréal. Il en rendit pour la première fois hommage en 1647. Sa situation devint vite considérable. Il fut un des principaux chefs du parti calviniste, et deux de ses filles, Charlotte et Louise, épousèrent chacune un membre de l'illustre famille de Caumont.

(1) Voir pour cette affaire très intéressante les pièces de procédure conservées aux Archives départementales de Lot-et-Garonne, B. 1379.

(2) Lachesnaye des Bois, t. II. Art. Belsunce, p. 895.

Leur frère aîné *Armand de Belsunce*, époux d'Anne de Caumont-Lauzun, fut un des brillants officiers du régiment de Schomberg. Il prit part comme capitaine à l'expédition de Portugal en 1667, passa dans le régiment royal et finalement fut nommé sénéchal et gouverneur des sénéchaussées d'Agenois et de Condomois, le 30 mars 1699, non toutefois sans avoir, après la révocation de l'Edit de Nantes. embrassé avec toute sa famille la religion catholique [1].

Il est peu probable que ce marquis de Belsunce, premier baron de Gavaudun, ait jamais habité le vieux manoir. Sa résidence habituelle était le château de Born [2], et aussi la maison noble de Castelmoron sur les bords du Lot, qui avait remplacé le château du moyen-âge. Toutefois nous le voyons y exercer ses droits seigneuriaux avec un soin d'autant plus jaloux que les d'Auray, qui se qualifiaient toujours de marquis de Gavaudun, semblaient lui en disputer encore la possession. C'est ainsi, et comme baron de Gavaudun, « qu'Ar-
« mand, marquis de Belsunce et de Castelmoron octroie, le
« 5 septembre 1694, à Me Jean Gigounoux, advocat au Par-
« lement, l'état et office de juge en sa baronnie et juridic-
« tion de Gavaudun, etc., [3]. »

De son mariage avec Anne de Caumont-Lauzun, il eut cinq enfants :

1° *Armand*, IIe du nom, né au château de La Force le 18 août 1669, colonel en 1701 au régiment de Nivernais, brigadier des armées du Roi en 1709, et mort des suites de ses blessures pendant la campagne de Flandres, le

(1) Lachesnaye des Bois, Moreri, etc., art. Belsunce.

(2) Voir la description que le R. P. Dom Bérengier fait du château de Born dans sa remarquable étude : *Vie de Monseigneur Belsunce*, t. I, p. 8 (2 vol. in-8° 1887). — *Cf.* : *Souvenirs du château de Born, Monseigneur de Belsunce*, par M. le chanoine A. Capot. (*Recueil de la Société Académique d'Agen*. 2e série, t. II, 1872.)

(3) Archives départementales de Lot-et-Garonne, B. 109.

18 juillet 1712. De son mariage avec Anne du Buisson de Bournazel il ne laissait aucun enfant [1].

2° *Henri-François-Xavier*, né au château de La Force, le 21 décembre 1670, et qui, nommé le 5 avril 1709 évêque de Marseille, devait par son courageux dévouement, lors de la fameuse peste de 1720, illustrer à jamais son nom [2].

3° *Antonin*, capitaine de frégate, mort à Saintes, le 28 octobre 1712.

4° *Charles-Gabriel*, qui suit.

5° *Anne-Marie-Louise*, abbesse, d'abord de Saintes, puis du Ronceray d'Angers, le 19 mars 1709.

Armand I de Belsunce vécut fort âgé. Il mourut le 23 juin 1728 au château de Born, à l'âge de 90 ans. « C'était, « écrit Cécile Fontanieu, sa belle-fille, dans son livre de « raison, un parfait honnête homme qui a été regretté de « sa famille et de tous ceux qui le connaissaient [3]. » Sa mort à un âge aussi avancé nous explique pourquoi ses deux fils aînés, Armand et Antonin, décédés avant lui, ne sont pas qualifiés baron de Gavaudun.

Henri-François Xavier étant d'église, cette terre passa donc avec celles de Born et de Castelmoron, et à cette date seulement, sur la tête de son quatrième enfant, Charles-Gabriel, qui continua la descendance.

*Charles-Gabriel de Belsunce*, marquis de Castelmoron, colonel du régiment de Belsunce, capitaine-lieutenant des gendarmes bourguignons en 1713, chevalier de Saint-Louis, avait été pourvu du vivant de son père, en 1717, de la charge de sénéchal et gouverneur des sénéchaussées d'Agenais et de Condomois, devenue héréditaire dans sa famille. Brigadier de cavalerie en 1719, il avait épousé le 30 avril 1715

(1) Lachesnaye des Bois, art. Belsunce. — Cf. : Dossier de Raymond, n° 84.

(2) Voir : *Vie de Monseigneur de Belsunce*, par le R. P. Bérengier, *oper. cit.*

(3) Idem, t. II, ch. XXI, p. 31.

Cécile-Geneviève de Fontanieu, dont le livre de raison, pieusement conservé dans la famille, a révélé à l'historiographe de l'évêque de Marseille de si touchants souvenirs [1].

Charles-Gabriel de Belsunce mourut en 1739, ainsi que le témoigne la lettre pleine de cœur que l'éminent prélat écrivit à un de ses amis. peu après ce deuil, et où il relate toutes les qualités de son frère bien-aimé [2]. Il ne laissait qu'un fils, *Antonin-Armand*, grand louvetier de France en 1736, marié en 1737 à Charlotte Alexandrine Sablet d'Hendicourt, et qui mourut, à la fleur de l'âge, le 17 septembre 1741, ne laissant qu'un fils, *Louis-Antonin*, à peine âgé de deux mois.

« J'aimais mon neveu, écrivait à cette date l'évêque de « Marseille, au curé de Saint-Amans ; j'aimais ma maison. « Je perds l'un et je vois la destruction de l'autre. On veut « me consoler en me parlant des regrets que la Cour, que « la Ville, que l'armée ont donné à mon neveu et des lar- « mes dont on me dit que le Roy a honoré sa mémoire ; et « tout cela ne sert qu'à mieux me faire connaître le prix de « ce que j'aimais et de ce que je n'ay plus [3]. »

Les craintes de Mgr de Belsunce n'étaient heureusement pas fondées. *Louis-Antonin* hérita de tous les titres et de toutes les terres de ses ancêtres, de Born, de Castelmoron, de Gavaudun, etc. Il épousa, le 2 janvier 1763, Adélaïde Elisabeth d'Hallencourt de Drosménil, dame d'honneur de Madame, qui mourut à Bagnères, le 4 octobre 1770, à peine âgée de vingt-cinq ans [4]. Elle ne laissait aucun enfant. Son mari, dernier rejeton de la branche des Belsunce de l'Agenais,

---

(1) *Vie de Monseigneur de Belsunce*, t. II, p 31.

(2) Idem, t. II, p. 246.

(3) *Lettres et billets inédits de Monseigneur de Belsunce, évêque de Marseille*, publiés par M. Tamizey de Larroque, Paris, Picard, 1897. — Cf. : Dom Bérengier, *oper. cit.*

(4) Lachesnaye des Bois, art. Belsunce. Voir les armes de cette famille, p. 896.

était encore propriétaire de Gavaudun en 1777 et 1779, années où, dans diverses reconnaissances, il est qualifié baron de ce lieu [1]. Le marquis de Belsunce émigra à Londres. Il y mourut en 1796 [2].

Vendit-il au moment de la Révolution, ou un peu avant que l'orage eut éclaté, sa terre de Gavaudun ? Il est probable que oui, attendu que dès l'an II nous la trouvons en la possession de la famille de Fumel.

*Les Fumel-Monségur.* — Le 3 floréal an II, en effet, (22 avril 1794), il est procédé à la vente des meubles contenus dans le château de Gavaudun, « appartenant à Philibert « de Fumel-Monségur, émigré [3]. »

La branche de Fumel-Monségur, établie d'abord au château de Monségur en Agenais, puis à Paris, formait un rameau détaché de la famille de Fumel, une des plus anciennes et des plus illustres du haut Agenais [4].

Le nouveau seigneur de Gavaudun, Philibert de Fumel-Monségur, était né à Agen en 1742. D'abord maréchal de camp des armées du Roi, puis lieutenant-général commandant la province du Lyonnais, il fut député de la noblesse de la sénéchaussée d'Agenais aux Etats-Généraux de 1789. « Il vota d'abord, nous apprend sa biographie, avec le côté « gauche de l'Assemblée, puis se rangea du côté droit et « s'opposa au don de 900,000 livres, offert à l'Assemblée « Constituante par la ville de Genève, en disant qu'il n'était « pas de la dignité de la France de recevoir l'aumône. » Le 26 mars 1790, il s'éleva contre le projet de la contribution patriotique et se plaignit à cette occasion des feuilles incen-

---

(1) Archives municipales de Montagnac-sur-Lède (Lot-et-Garonne). (Supplément à la série E.)

(2) Dom Bérengier, *oper. cit.*, t. II, p. 248, note.

(3) Archives départementales de Lot-et-Garonne. Biens nationaux. Série Q.

(4) *Nobiliaire de Guyenne et de Gascogne*, par O'Gilvy, t. I., art. Fumel.

diaires qui égaraient l'esprit du peuple. Il émigra en 1792, après avoir adressé au général de Custine une lettre contenant l'exposé de ses principes sur la monarchie constitutionnelle [1]. Le marquis de Fumel épousa, en premières noces, le 19 février 1770, Marie-Françoise d'Aldart; puis, en secondes noces, Charlotte-Henriette du Tillet [2].

Les biens du marquis de Fumel, émigré, furent aussitôt saisis par la nation.

*Les derniers propriétaires.* — Dès 1793, nous apprend M. Bourrière dans son rapport manuscrit, le château de Gavaudun, « dont les constructions existaient presque en entier « à cette époque, et qui, au dire des habitants du pays, était « parfaitement habitable, fut détruit par ordre du district « sous la direction d'un sieur Chaudurier, commissaire envoyé « à cet effet, et l'emplacement vendu comme bien national. »

La vente dura plus de deux ans. Ce fut d'abord le tour des meubles, le 3 floréal an II (22 avril 1794). Puis vinrent les immeubles environnants, bois, prés, vignes, moulin à eau [3], métairie de Fourestié, etc., enfin le château lui-même.

Le 2 janvier 1796 (12 nivôse an IV), l'administration du district de Monflanquin avait déjà donné par bail à ferme au sieur Ballande fils aîné le ci-devant château de Gavaudun pour la somme de 1,475 francs en assignats, sur le cautionnement de citoyen Gerveau de Cancon [4].

---

(1) Nobiliaire de Guyenne et de Gascogne, par O'Gilvy, t. I, p. 44. (*Biographie moderne.*)

(2) Lachesnaye des Bois, art. Fumel, p. 734, t. VIII.

(3) Le 27 messidor an IV (15 juillet 1796), le moulin de Gavaudun fut adjugé au sieur Antoine Baret pour la somme de 5,130 francs. Puis il passa, avec toutes les bâtisses dépendantes de l'ancien hôpital, entre les mains de M. Germain Dalché de la Rive d'Esplanel, demeurant à Gavaudun. Il est depuis 1893 la propriété de M. Delbrel, meunier à Gavaudun. (Notes communiquées par M. Etcheverry, d'après les registres communaux.)

(4) Archives municipales de Gavaudun. Fragment d'un cahier de mutation.

Six mois après, cet édifice était compris dans la soumission du sieur Pierre Fort, marchand à Gavaudun, à qui le sieur Mannoury, de Monflanquin, avait vendu, le 3 nivôse an IV (24 décembre 1795), pour 25,000 livres de biens nationaux en assignats [1]. C'est ce que nous apprend l'intéressant procès-verbal d'estimation suivant, daté du 13 thermidor an IV (31 juillet 1796) :

« Domaine national de Gavaudun, compris dans la soumission du » sieur Fort aîné :

« Et après avoir examiné l'état des bâtimens et édifices du *vieux* « *château de Gavaudun*, appartenant au ci-devant Philibert Monsé- « gur (Fumel), émigré, situé au chef-lieu de Gavaudun, commune et « canton de Montagnac, lequel dit château est entièrement détruit et « inabitable, composé de plusieurs chambres délabrées, ci-devant « recette en bon état, fours et petite écurie, tout contigu et dépen- « dant dudit ci-devant château avec aysines y adjacentes, non com- « pris et réservé au contraire, en vertu de notre susdite commission, « les entiers édifices qui sont sous le château du côté de la ville, com- « posés de quatre chambres en haut, et le dessous d'icelles avec une « petite décharge et partie de l'avant court dudit ci-devant château, « pour faire un jardin pour l'établissement d'un instituteur............ « Nous, syndics nommés par délibération de l'administration du dé- « partement, après avoir murement réfléchi, considéré la longueur, « largeur et hauteur de tous les bâtimens et édifices dépendants dudit « ci-devant vieux château de Gavaudun, sommes d'avis que lesdits « objets donnaient en 1790 un revenu net et annuel de la somme de « 135 francs, cette dernière multipliée par 18 fois donne un capital « de 2.430 francs, etc. [2]. »

Le sieur Fort ne resta pas longtemps propriétaire du château de Gavaudun qui dut passer presque aussitôt entre les mains de la commune. L'acte d'achat malheureusement n'a pas été conservé. Il n'en existe aucune copie à la mairie de Gavaudun, et la minute, rédigée cependant, nous a-t-on

(1) Notariat de Monflanquin. Etude Enduran, aujourd'hui à M. de Bérail.

(2) Archives départementales de Lot-et-Garonne. Série Q. Biens nationaux.

dit, dans l'étude de Monflanquin, qui appartient aujourd'hui à M. de Bérail, demeure introuvable.

Néanmoins, le fragment du cahier de mutation précité, qui existe encore, quoique dévoré à moitié par l'humidité, dans les archives municipales de Gavaudun, nous apprend qu'à la date de 1803 (an XII) « restent à la charge de la commune, « les chambres, batisses et un petit jardin dans la « cour (1) .»

Depuis lors, c'est-à-dire le commencement du siècle, le château de Gavaudun est demeuré la propriété de la commune.

Son donjon a été classé depuis longtemps comme monument historique. A ce titre, il a reçu à diverses époques, 1833, 1863, 1876 (2), et plus fréquemment encore ces dernières années, du Conseil général de Lot-et-Garonne, une allocation qui varie entre 200 et 1,000 fr. francs.

— Par son site pittoresque autant que par l'étrangeté de ses ruines le château de Gavaudun attire chaque année la foule des visiteurs. Il y a peu de temps encore des fêtes officielles y ont été données : et quelques-uns des ministres, que fournit si abondamment le Lot-et-Garonne, ont eu soin de s'y rendre tour à tour, non sans amener chaque fois avec eux tout un groupe d'élite d'artistes parisiens.

Rappellerons-nous la visite mémorable de M. Fallières, ministre de la justice, en juillet 1891 ? Et plus tard, en septembre 1894, celle de M. G. Leygues, alors ministre de l'Instruction publique et des Beaux Arts? Mieux que nous

---

(1) Archives municipales de Gavaudun. Note fournie par M. Etcheverry, instituteur à Montagnac-sur-Lède, à qui nous devons la plupart de ces renseignements sur l'époque révolutionnaire, et dont le zèle et l'extrême obligeance pour nous faciliter notre tâche méritent une fois de plus notre gratitude et nos plus vifs remerciements.

(2) Archives départementales de Lot-et-Garonne. Dossier relatif aux monuments historiques.

ne pourrions le faire, laissons parler le rapporteur officiel du *Figaro*, qui était au nombre des convives :

« Le déjeuner commençait à peine qu'une voix puissante et fantas-
« tique emplit tout à coup la vallée :

« C'est *Auguez*, de l'Opéra, qu'une curiosité plus forte que la
« faim a poussé jusqu'aux bords du précipice, sur les pierres en rui-
« nes où s'assied la vieille tour, et qui, de là-haut, essaie sa voix :

« *Nonnes qui reposez sous cette froide pierre....*

« L'effet du récitatif de *Robert le Diable*, dans ce décor de nature
« grandiose et désolée, est tel qu'un enthousiasme soudain s'empare
« de la caravane et que les artistes qui voyagent avec nous veulent
« tous à leur tour entreprendre l'escalade.

« Ils grimpent et ils apparaissent tout petits des bords de la rivière
« où nous sommes et leurs gestes semblent immenses. Après Auguez,
« *Escalaïs* chante une berceuse exquise, et de là-haut sa voix des-
« cend à nous, nette et pure, enveloppée d'une aérienne mélodie.....
« C'est le violon de *Mlle Juliette Dantin*, blottie dans les ronces,
« qui l'accompagne.

« Et le charme de cet invisible chant, qui semble s'exhaler mysté-
« rieusement de la vieille tour, est indescriptible.

« Puis, c'est *Baillet* qui nous dit les strophes adorables de *Stella*
« et les beaux vers de *Lucie* d'Alfred de Musset, toujours bercés
« par l'invisible mélodie, et dont chaque mot sonne aussi clairement
« à nos oreilles que s'il disait à vingt pas de nous.

« Encore ! Encore ! hurle la caravane. Et alors, chose unique,
« *M. et Mme Escalaïs* et *M. Auguez*, avancent doucement au bout
« de l'entablement qui borde au-dessus du gouffre le pied de la tour,
« et, se tenant par la main, comme gagnés eux-mêmes par l'ivresse
« de ces sensations nouvelles, ils entonnent à pleine voix le trio de
« FAUST : *Anges purs, Anges radieux !* »

Nous ferons grâce à nos lecteurs de l'enthousiasme qui gagna à ce moment tous les convives, à commencer par les chefs de la caravane, et que continue de décrire trop complaisamment le *Figaro* [1].

---

(1) Voir le *Figaro* du 9 juillet 1891 : *Un concert dans les ruines*.

Qu'il nous suffise de certifier que le vieux manoir des Lustrac et des Caumont dut, après tant d'années de silence, tressaillir d'aise et qu'il oublia un instant, sous les chaudes caresses de la musique et de la divine poésie, les mauvaises heures de 1793, comme aussi les stupides profanations dont alors il fut victime.

N'est-ce pas le cas de dire, une fois de plus, qu'en notre doux pays de France « tout finit par des chansons ! »

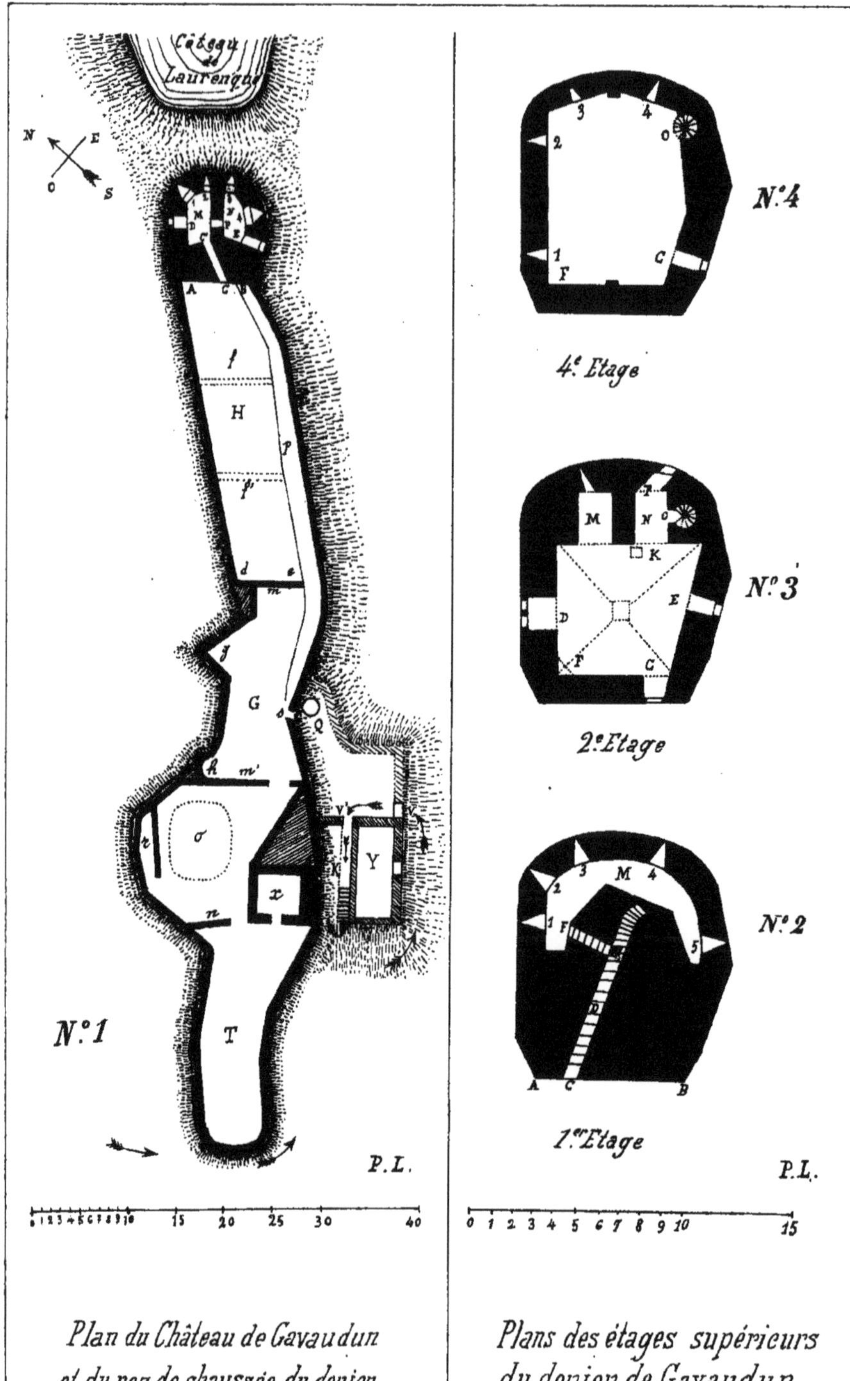


Plan du Château de Gavaudun et du rez de chaussée du donjon

Plans des étages supérieurs du donjon de Gavaudun

# DU MÊME AUTEUR

*Le Château de Bonaguil,* avec planches et plan (3e édition. In-8°, Agen, 1897.)

*Le Château de Xaintrailles,* avec eau-forte et plan. (In-8°. Agen, 1874.)

*L'Abbaye de Flaran; en Armagnac*, avec planches et plans. (In-8°, Auch, 1890.)

*Les Couvents de la Ville d'Agen, avant 1789,* avec planches et plans. (2 vol. In-8°, Agen, 1889-1893.)

*Une Famille Agenaise : les Lamouroux,* avec planche et portraits. (In-8°, Agen, 1893.)

*Les Enceintes successives de la Ville d'Agen,* avec plan. (In-8°, Agen, 1894.)

*Le Château de Nérac,* avec deux photogravures. (In-8°, Agen, 1896.)

*Le Château de Cauzac,* avec une photogravure. (In-8°, Agen, 1896.)

*Châteaux Gascons de la fin du* XIIIe *siècle,* avec planches et plans. (In-8°, Auch, 1897.)

Etc., Etc.

www.ingramcontent.com/pod-product-compliance
Ingram Content Group UK Ltd.
Pitfield, Milton Keynes, MK11 3LW, UK
UKHW020404230726
13925UKWH00003B/1257

9 782019 171278